Ralf Roman Rossberg

Tempo 200

Eisenbahn heute

Franckh'sche Verlagshandlung Stuttgart

Schutzumschlag gestaltet von Edgar Dambacher nach einem Farbfoto von Ralf Roman Rossberg:
„Tempo 200“ auf der Strecke München—Augsburg, Schnellfahrlok 103 113.
Alle Fotos vom Verfasser.
Franckh'sche Verlagshandlung, W. Keller & Co., Stuttgart 1971.

Printed in Germany. ISBN 3-440-03822-X · Gesamtherstellung: Reiff-Druck, 76 Offenburg/Bd.
Klischeeherstellung: Graphische Kunstanstalt Willy Berger, Stuttgart.

Vorwort

Im Zeitalter der bemannten Raumfahrt, der Kernenergie, der Elektronik und vor allem des Automobils stellt sich die Frage, ob heute und besonders in der Zukunft jenem Verkehrsmittel noch Daseinsberechtigung zukommt, das vor anderthalb Jahrhunderten die Postkutsche ablöste: der Eisenbahn. Mit „altem Eisen“ ist sie, von den Motorisierten zumal, in den letzten Jahren oft genug gleichgesetzt worden. Und in der Tat schnellten die Kraftfahrzeugbestände steil in die Höhe, während immer mehr Fahrgäste von der Schiene abwanderten und im Güterverkehr der Anteil der Eisenbahn am gesamten Verkehrsaufkommen ständig zurückging.

Der Trend zur Motorisierung, die ihren Höhepunkt voraussichtlich erst in zehn Jahren erreichen wird, wirft jedoch zahlreiche Probleme auf. Stichworte wie Straßenbau, Verkehrssicherheit, Umweltschutz oder Unfallfolgen genügen, um die Spannweite dieser Probleme zu verdeutlichen. Auf dem Straßennetz, das mit dem Wachstum des Verkehrs nicht im entferntesten Schritt halten kann, herrschen schon heute vielfach unerträgliche Zustände. Schon heute wird aber auch die Forderung nach immer neuen Autobahnen und Fernstraßen von zahlreichen namhaften Fachleuten als überaus bedenklich abgelehnt. Die hohe Bevölkerungsdichte im Herzen Europas läßt besonders Grund und Boden immer teurer, vor allem aber immer kostbarer werden. Das Auto mit seinem weitaus größten Flächenbedarf aller Verkehrsmittel kann also nicht Maßstab sinnvoller Verkehrsplanungen für die Zukunft sein.

Diese Gesichtspunkte verheißen der Eisenbahn eine neue Zukunft. Mit nur einem Mann auf der Lokomotive, auf schmaler Trasse, vermag sie in einem Zug zweitausend Tonnen und mehr schnell und sicher zu befördern. Auf der Straße müssen dazu mehr als fünfzig schwere Lastzüge starten. Der Tag wird nicht mehr fern sein, da hierzu nicht nur die Verkehrsflächen fehlen, sondern auch die Menschen, jene „Kapitäne der Landstraße“, an denen der soziale Fortschritt ohnehin weit vorbeigegangen ist. Die Eisenbahn dagegen verfügt mit ihrem System über eine weitere zukunftweisende Eigenschaft. Ihre Fahrzeuge rollen auf genau festgelegter Fahrbahn, gelenkt durch die sichere Spurführung zwischen Rad und Schiene, zwischen Achsen und Gleis. Damit ist die Eisenbahn wie kein zweites Verkehrsmittel einer weitgehenden Automation ihres Betriebes zugänglich. Die Möglichkeiten reichen dabei von der automatisch geführten Lokomotive bis zum computergesteuerten Betriebsablauf, von der optimalen Lenkung der Güterströme bis zur elektronischen Datenverarbeitung im kommerziellen und organisatorischen Bereich.

Neue Aufgaben erwarten die Eisenbahn auch im eng gewordenen Raum der Großstädte und Industriegebiete. Autogerechtes Bauen ist hier mehr noch als auf dem flachen Land schon heute Utopie. Als einziger Ausweg bieten sich leistungsfähige Schnellbahnen an, die ungestört vom Individualverkehr mit hoher Reisegeschwindigkeit, komfortabel und preiswert Brücken schlagen zwischen den Innenstadtbereichen und der sie umgebenden Region.

Von der Eisenbahn der Großväter zu einem hochtechnisierten Verkehrsmittel für morgen und übermorgen führt freilich ein langer Weg. Ein Unternehmen, dessen „Produktionsanlagen“ sich über 30 000 Kilometer von Flensburg bis Berchtesgaden, von Basel bis Lübeck und von Aachen bis Passau erstrecken, dessen Fahrzeugpark achttausend Lokomotiven, zweiundzwanzigtausend Reise- und mehr als dreihunderttausend Güterwagen umfaßt und dessen Mitarbeiterzahl bei vierhunderttausend liegt, läßt sich nicht von heute auf morgen umwälzen.

Dennoch zeigt sich immer deutlicher, daß die Zukunft bei der Eisenbahn längst begonnen hat. Auf allen Gebieten begegnet der Blick moderner Technik, wenn daneben das Alte auch hier und da noch eine Weile fortbesteht. Dafür strecken sich an anderer Stelle immer mehr Fühler nach dem technischen Neuland einer künftigen Epoche der Eisenbahn aus. Der Vergangenheit wird nur das Museum bleiben.

Unverändert weiterspielen wird die Eisenbahn jedoch ihre wichtige Rolle für Wirtschaft und Industrie, für die Wechselwirkung zwischen Produktion und Verbrauch, für die Verbindung von Stadt zu Stadt und von Stadt und Land, aber auch für jeden einzelnen, ob er als Geschäftsmann „auf der Achse“ sein muß, ob ihn der Beruf in die Ferne oder in die nahe Großstadt ruft, ob ihn ein reizvolles Urlaubsziel erwartet oder ob er womöglich als einer jener Hunderttausende dem Schienenweg verbunden ist, die als Eisenbahner Tag und Nacht das millionenfach verzahnte Räderwerk der Eisenbahn am Rollen halten.

Wenn die Eisenbahn früher von Dampflokomotiven, Signalflügeln und Kleinbahn-Romantik symbolisiert wurde, so ist es heute Faszination der Technik, die von ihr ausgeht. Wer die Atmosphäre am Schienenweg liebt, wer sich gern dem Fluidum eines Großstadtbahnhofs hingibt, wer mit offenen Augen Eisenbahn fährt, der findet heute mehr Interessantes denn je. Dieser Band bietet sich als Schlüssel dazu an. Aus der Fülle greift er in Wort und Bild das Besondere heraus. Sein Ziel ist nicht, die Eisenbahn vollständig zu beschreiben, sondern das Reizvolle, Bedeutende, Fesselnde und Aufschlußreiche ihres modernen Erscheinungsbildes wiederzugeben.

Deutschlands
schnellste Lokomotive:
Spitze 250 Stundenkilometer

DB
103 118-6

99 716
Unt:
Dff.15.9.61

Bewahrte Vergangenheit

Die Zeit der Dampflokomotiven geht zu Ende. Kommende Generationen werden sie nur noch vom Erzählen her kennen, von Bildern und aus Museen. Eine große Zahl von Freunden der Eisenbahn, nicht zuletzt aber auch die Bundesbahn selbst, haben sich in den vergangenen Jahren bemüht, einige der historisch bedeutendsten und technisch interessantesten Lokomotiven im Original zu erhalten. Öffentliche und private Museen haben sie aufgenommen, Städte und Gemeinden haben ihnen als Denkmäler der Technik-Geschichte einen Ehrenplatz eingeräumt. So bietet sich schon heute ein zwar lückenhafter, aber doch interessanter Überblick über die Marksteine der Entwicklung. Zweifellos stehen dabei die Lokomotiven im Vordergrund, doch das Verkehrsmuseum Nürnberg und das Deutsche Museum in München können daneben auch auf zahlreiche Exponate aus anderen Gebieten, etwa der Signal- und Sicherungstechnik, dem Waggonbau oder der Wagenausstattung verweisen.

Beide Museen besitzen einen „Adler", jeweils allerdings nur eine originalgetreue Nachbildung. Die des Nürnberger Museums entstand zur Hundertjahrfeier der deutschen Eisenbahnen 1935, die zweite im Jahre 1950. Der Original-„Adler" hatte am 7. Dezember 1835 als erste Eisenbahn in Deutschland die Ludwigsbahn zwischen Nürnberg und Fürth eröffnet. Er wurde 1857 ausrangiert. Kessel und Tender kaufte die Augsburger Maschinenfabrik Riedinger und verwendete sie als stationäre Dampfkesselanlage noch etliche Jahre weiter. Achsen und übrige Teile blieben bei der Ludwigsbahn und wurden bald darauf verschrottet.

Im Original erhalten geblieben ist dagegen die erste elektrische Lokomotive der Welt, die Werner Siemens am 31. Mai 1879 auf der Gewerbeausstellung in Berlin-Treptow vorstellte. Dieses Vehikel – Höchstgeschwindigkeit sieben Stundenkilometer, 3 PS Leistung – gehört heute zu den besonderen Schätzen des Deutschen Museums in München, wo es in der 1970 neu eröffneten Eisenbahnabteilung einen entsprechenden Ehrenplatz erhalten hat.

Hier steht als eine der schönsten Dampflokomotiven der Welt auch die einzige Dampfschnellzuglokomotive jener berühmten bayerischen Baureihe S 3/6, die nach ihrer Ausmusterung bei der Bundesbahn wieder in den ursprünglichen Zustand zurückversetzt wurde und in Deutschland verblieben ist. Sie stand zunächst mehrere Jahre im Freigelände des Museums auf der Isarinsel, wo ihr die aggressive Atmosphäre stark zusetzte. Nach erneuter Aufarbeitung durch die Bundesbahn kam die Lokomotive Ende 1968 in die neue Fahrzeughalle des Deutschen Museums, wo sie heute den Hauptanziehungspunkt bildet.

Weitere Lokomotiven dieser Baureihe stehen vor dem Werk von Krauss-Maffei in München-Allach, bei einem privaten Liebhaber in der Schweiz, bei der Bundesbahn und – in der badischen Ausführung – in einem Freizeitpark bei Minden (Westfalen) sowie bei der Ingenieurschule in Offenburg.

Das Verkehrsmuseum Nürnberg besitzt eine der schnellsten Dampflokomotiven der Welt, die 05 001, deren Schwestermaschine am 11. Mai 1936 auf dem Abschnitt Neustadt (Dosse)—Nauen der Strecke Hamburg—Berlin 200,4 km/h erreichte.

Die Dampflokomotive, Symbol einer vergangenen Epoche: Denkmal in Güglingen (Württemberg).

Nachbildung des „Adler“, der ersten Lokomotive auf deutschem Boden. (Verkehrsmuseum Nürnberg)

Rechts oben:
Letzte Fahrt: Überführung der S 3/6 ins Deutsche Museum, München.

Die erste elektrische Lokomotive der Welt, 1879 von Werner Siemens vorgeführt. (Deutsches Museum, München)

Rechts unten:
Die S 3/6 am endgültigen Platz in der neuen Fahrzeughalle des Deutschen Museums.

DB

3634
J.A.MAFFEI
MÜNCHEN
№ 3315 1912

Für das Verkehrsmuseum Berlin vorgesehen: eine der beiden letzten für die Deutsche Bundesbahn entwickelten Dampflokomotiven.

Dampflokdenkmal am Ingolstädter Hauptbahnhof

Rechts:
Rekordhalterin auf Europas Schienen: die Baureihe 05 war die schnellste Dampflok auf dem Kontinent. (Verkehrsmuseum Nürnberg)

05001

Bald ist die Dampflokzeit zu Ende . . .

50-Hertz-Versuchslok E 24431 neben einer modernen „Europa-Lok“.

Erste große Diesellokomotive mit hydraulischer Kraftübertragung, Baureihe V 140 der Deutschen Reichsbahn.

Als letzte für die Deutsche Bundesbahn gebaute Dampfschnellzuglok wird die 10 001 dem noch nicht wieder eröffneten Verkehrsmuseum Berlin von der Deutschen Bundesbahn zur Verfügung gestellt werden: Die Lokomotive war am 28. März 1957 von Krupp geliefert und am 5. Januar 1968 schon außer Betrieb gesetzt worden, da von dieser Baureihe nur zwei Maschinen zur Verfügung standen und ein wirtschaftlicher Einsatz deshalb kaum zu erreichen war.
Einige wesentliche Teile des berühmten „Fliegenden Hamburgers" stehen im Verkehrsmuseum Nürnberg, darunter das Kopfteil einer Wagenhälfte mit dem Führerstand und einer der Maybach-Dieselmotoren. Dieser diesel-elektrische Schnelltriebwagen verfügte über zwei 12-Zylinder-Motoren mit je 410 PS und zwei elektrische Tatzlager-Fahrmotoren für je 250 Kilowatt Dauerleistung. Vom 15. Mai 1933 an durchfuhr er planmäßig die 287 Kilometer lange Strecke Berlin—Hamburg in zwei Stunden und 18 Minuten.
Das Deutsche Museum in München besitzt seit einiger Zeit auch die erste Diesellokomotive mit hydraulischer Kraftübertragung, die 1935 von der Deutschen Reichsbahn in Dienst gestellt worden war und als erste Vorläuferin der modernen Diesellokomotiven der Bundesbahn gilt.
Als erste elektrische Lokomotive für Einphasenwechselstrom niedriger Frequenz, wie er heute bei der Bundesbahn mit Ausnahme bei der Hamburger S-Bahn ausschließlich für den elektrischen Bahnbetrieb verwendet wird, ist die frühere bayerische Lokalbahnlokomotive LAG 1, die später bei der Reichsbahn und der Bundesbahn die Bezeichnung E 69 01 trug, erhalten geblieben. Sie steht – in den Originalzustand zurückversetzt – im Gelände des Bundesbahn-Ausbesserungswerkes München-Freimann.
Erhaltengeblieben und zur Zeit abgestellt ist auch eine der fünf elektrischen Lokomotiven, die früher auf der mit Einphasenwechselstrom der höheren Periodenzahl von 50 Hertz betriebenen Höllentalbahn im Schwarzwald eingesetzt waren. Diese zwischen 1933 und 1936 elektrifizierte Strecke diente bis 1960 als Versuchsstrecke für 50-Hertz- und für Mehrstromlokomotiven. Dann wurde sie auf $16^2/_3$-Hertz-Betrieb umgestellt und in das allgemeine elektrische Streckennetz der Bundesbahn einbezogen.
Zahlreiche weitere Lokomotiv-Oldtimer sind vor allem in Süddeutschland als Denkmäler, einige auch auf Kinderspielplätzen aufgestellt worden. Eine größere Zahl bemerkenswerter Lokomotivtypen wird auch von der Deutschen Reichsbahn für die Nachwelt erhalten und vom Verkehrsmuseum in Dresden aufbewahrt.
Bei der Deutschen Bundesbahn waren 1971 noch rd. 1400 Dampflokomotiven im Einsatz. Die anhaltende Hochkonjunktur zu Beginn der siebziger Jahre hat sogar dazu geführt, daß alle noch betriebsbereiten Dampflokomotiven zur Bewältigung des starken Güterverkehrs eingesetzt wurden. Voraussichtlich bis zum Jahre 1975 wird jedoch auch bei der Bundesbahn die letzte Dampflok auf das Abstellgleis geschoben werden.

Ohne Dampf in die Zukunft

Allein die Dampflokomotive hat der Eisenbahn im Laufe des vorigen Jahrhunderts zu ihrer überragenden Stellung im Verkehr verholfen. Noch bei der Währungsreform 1948 besaß die Reichsbahn in den drei Westzonen nahezu 16 000 Dampflokomotiven.
Doch nun wird in wenigen Jahren der letzte dampfgeführte Zug abgefahren sein.
Warum? Die Dampflokomotive ist gegenüber der elektrischen und der Diesellok mit erheblichen Nachteilen behaftet. Ihr Wirkungsgrad, das heißt die Ausnutzung des zugeführten Brennstoffes, liegt im Durchschnitt bei nur sechs Prozent. Gegenüber der elektrischen Lokomotive verursacht die Dampflok etwa doppelt so hohe Erhaltungskosten und bis zu dreifachen Personalaufwand. Eine elektrische Lokomotive kann zwei Dampfloks ersetzen, wobei ihre Fahrleistung doppelt so hoch liegt wie im Dampfbetrieb.
Ein Dampfkessel läßt sich auch nicht, wie etwa ein Dieselmotor, nach Bedarf anlassen und abstellen. Die Dampflok muß lange, bevor sie abfahren kann, angeheizt werden und vergeudet Energie, wenn sie abgestellt wird. Der Aktionsradius ist auf wenige hundert Kilometer begrenzt, dann muß die Dampflok Kohle und Wasser nachfassen, muß die Schlacke aus der Feuerung entfernt werden. Umfangreiche ortsfeste Anlagen wie Kohlebunker, Wasserkräne und Schlackengruben sind nötig. Dabei ist die Zugkraft nicht sonderlich hoch, so daß sich lange Beschleunigungsstrecken ergeben. Auch der Schmutz, der vom Dampfbetrieb in besonderem Maße ausgeht, gehört zu den Schattenseiten.
Die Diesellokomotive, die – wie die Dampflok – unabhängig von ortsfesten Anlagen überallhin fahren kann, erreicht mit rund dreißig Prozent den günstigsten Ausnutzungsgrad ihres Brennstoffes. Dafür muß sie ihr eigenes „Kraftwerk“ mitschleppen, so daß die installierbare Leistung begrenzt ist.
Die Ellok dagegen bezieht ihre Energie aus dem Fahrdraht, so daß der verfügbare Raum und das zulässige Gewicht ganz zur Unterbringung eines leistungsstarken Antriebs ausgenutzt werden können. Der Wirkungsgrad des elektrischen Betriebes liegt bei rund zwanzig Prozent.
So fährt die Eisenbahn wirtschaftlicher und leistungsfähiger ohne Dampf in die Zukunft.

Strom aus weißer und schwarzer Kohle

Der elektrische Bahnbetrieb ist in der Leistungsfähigkeit allen übrigen Antriebsarten weit überlegen. Die Anfahrleistung elektrischer Lokomotiven erreicht zum Teil mehr als den dreifachen Wert einer vergleichbaren Diesellok. Elektrisch bespannte Züge können damit nicht nur schwerer und länger sein, sie lassen sich auch rascher beschleunigen und blockieren somit die einzelnen Streckenabschnitte nur für kurze Zeit. Doch alle diese Vorteile müssen zunächst teuer erkauft werden. Zum elektrischen Bahnbetrieb gehört weit mehr als das, was nach außen hin im allgemeinen sichtbar wird. Neben der Fahrleitung und den Lokomotiven sind Kraftwerke oder Umformer nötig, um den Bahnstrom zu erzeugen, Fernleitungen, um ihn dorthin zu transportieren, wo er gebraucht wird, und schließlich Umspann- oder „Unterwerke“, um die Fahrdrahtspannung herzustellen und

Trans-Europ-Express „Blauer Enzian“ auf der Strecke Augsburg–Treuchtlingen.

die Energie in das Fahrleitungsnetz einzuspeisen. Hinzu kommen umfangreiche Schutzmaßnahmen gegen die Gefahren der Hochspannung. Zur laufenden Wartung und zu Reparaturen an den umfangreichen ortsfesten Anlagen für den elektrischen Zugbetrieb müssen besondere Fahrleitungsmeistereien eingerichtet werden.

Elektrifizierung ist deshalb nur dort sinnvoll, wo sich die hohe Leistungsfähigkeit dieser Betriebsart durch besonders starken Verkehr ausnützen läßt. Darüber hinaus kann sie allerdings auch dort zweckmäßig sein, wo sich im Streckennetz Lücken schließen und dadurch wirtschaftlichere Umläufe der Lokomotiven erzielen lassen oder leistungsfähige Entlastungs- und Umgehungsstrecken der Magistralen entstehen. Diese Überlegung wird bei der Bundesbahn dazu führen, das elektrische Streckennetz von gegenwärtig etwa 8000 Kilometern auf zehn- bis elftausend Kilometer auszudehnen.

Die ersten Kraftwerke zur Bahnstromerzeugung nützten natürliche Wasserkräfte aus. Deshalb entstand ein großer Teil der ersten elektrischen Bahnen im süddeutschen Alpengebiet. Das aus hochgelegenen Seen zu Tal stürzende oder in den Flüssen dahinströmende Wasser treibt Turbinen an und mit ihnen die Strom erzeugenden Generatoren.

Doch die „weiße Kohle“ der Wasserkraft reichte bald nicht mehr aus, so daß neue Energiequellen zur Stromerzeugung erschlossen werden mußten. Heute arbeiten mehrere große Dampfkraftwerke mit Bahnstrommaschinen, wobei vor allem Steinkohle, aber auch Öl und im Kraftwerk Bremen–Mittelsbüren Gichtgas verbrannt wird, ein Abfallprodukt aus den Hochöfen eines benachbarten Hüttenwerkes. Das Dampfkraftwerk Penzberg verfeuerte bis vor wenigen Jahren die in unmittelbarer Nähe geförderte oberbayerische Pechkohle, deren Transport sich nicht gelohnt hätte, die aber an Ort und Stelle wirtschaftlich zur Stromerzeugung verwertet werden konnte. Inzwischen sind Grube und Kraftwerk allerdings stillgelegt.

In den Dampfkraftwerken werden die Turbinen, die mit den Generatoren verbunden sind, aus riesigen stationären Dampferzeugungsanlagen gespeist.

Um bei Bedarf auch Drehstrom aus dem allgemeinen Landesnetz in Bahnstrom verwandeln zu können, arbeiten für die Bundesbahn mehrere „Umformerwerke“. Dabei werden die Bahnstromgeneratoren nicht von Turbinen, sondern durch Elektromotoren angetrieben, die ihren Strom jedoch aus dem Drehstromnetz beziehen. Das älteste dieser Umformerwerke steht in Nürnberg, das größte in Köln; weitere wurden in den letzten Jahren mit der nach Norden fortschreitenden Elektrifizierung in Borken bei Kassel, in Lehrte sowie in Saarbrücken in Betrieb genommen.

Donaukraftwerk Bittenbrunn bei Neuburg.

Dampfkraftwerk Datteln bei Recklinghausen.

110-MW-Bahnstromgenerator für Einphasenwechselstrom 16 2/3 Hertz.

Warum $16^2/_3$ Hertz?

Die erste elektrische Lokomotive der Welt von 1879 fuhr mit Gleichstrom. Den Geschwindigkeitsrekord von 1903 stellten elektrische Drehstrom-Triebwagen auf. Heute fahren die Eisenbahnen in Deutschland, in Österreich und der Schweiz, in Norwegen und Schweden mit Einphasen-Wechselstrom der merkwürdigen Periodenzahl von $16^2/_3$ Hertz. In anderen europäischen Ländern gibt es Gleichstrombahnen mit 1500 Volt und mit 3000 Volt Fahrleitungsspannung, aber auch Wechselstrombahnen mit der in der Landesversorgung üblichen Periodenzahl von 50 Hertz.

Diese Unterschiede gehen auf die Schwierigkeiten bei der Entwicklung elektrischer Bahnen zurück. Gleichstrom läßt sich gut und einfach regeln, aber nur mit begrenzter Spannung erzeugen und nicht transformieren, so daß bei der Übertragung hohe Verluste eintreten und in kurzen Abständen Einspeisungspunkte erforderlich sind. Drehstrom bedingt drei Phasen, das bedeutet mindestens zwei getrennte Stromleitungen, wenn als dritte die Fahrschienen verwendet werden; außerdem läßt sich beim Drehstrombetrieb die Fahrgeschwindigkeit nur mit Kunstgriffen variieren.

Ideal erscheint auf den ersten Blick der Wechselstrom mit jenem System, das hinter jeder Steckdose vorhanden ist. Versuche im Bahnbetrieb brachten jedoch Mißerfolge; starke Funkenbildung zerstörte Teile der Motoren. Dabei zeigte sich, daß die Erscheinung mit der Periodenzahl in enger Verbindung steht. Bei niedriger Frequenz erwiesen sich Einphasen-Wechselstrommotoren wirklich als nahezu ideal für den Bahnbetrieb. Zu diesem Ergebnis kamen die Eisenbahnen mehrerer Länder in unabhängig voneinander betriebener Forschung, so daß im November 1912 zunächst die Preußisch-Hessischen, die Bayerischen und die Badischen Staatseisenbahnen übereinkamen, ihre Strecken mit Einphasen-Wechselstrom von $16^2/_3$ Hertz, das ist genau ein Drittel der Landesfrequenz von 50 Hertz, bei 15 000 Volt Fahrdrahtspannung zu elektrifizieren. Die Schweiz und Österreich schlossen sich kurz darauf an.

Die moderne Elektrotechnik hat mittlerweile Lösungen gefunden, auch den Industriestrom von 50 Hertz für den Bahnbetrieb nutzbar zu machen. Diese Stromart bietet sich vor allem in Ländern an, in denen erst mit dem elektrischen Ausbau begonnen wird.

Energiestraßen für den Stromtransport

Elektrische Energie läßt sich nur in besonderen Aggregaten und auch nur in verhältnismäßig geringem Umfang speichern. Im allgemeinen muß sie im selben Moment, in dem sie erzeugt wird, auch verbraucht werden. Diesem Umstand läßt sich am besten in großen „Verbundnetzen“ Rechnung tragen, in die eine Vielzahl von Kraftwerken Energie einspeist, während auch eine Vielzahl von Verbrauchern angeschlossen ist. Dadurch ergibt sich ein verhältnismäßig ausgeglichener Verbrauch.

Auch die Bundesbahn arbeitet mit einem solchen Netz, an das sogar die Eisenbahnen der Nachbarländer, die das gleiche Stromsystem verwenden, angeschlossen sind. Dabei muß die in den Kraftwerken erzeugte elektrische Energie zunächst über mehr oder weniger große Entfernungen bis zu den Einspeisungsstellen in das Fahrleitungsnetz transportiert werden. Um dabei die Leistungsverluste durch den inneren Widerstand der Leitungen möglichst gering zu halten, wird für den Stromtransport ein besonderes Netz mit wesentlich höherer Übertragungsspannung, nämlich mit 110 000 Volt, benützt. Zwischen diese Energiestraßen und die Generatoren in den Kraft- und Umformerwerken müssen Umspanner, auch Transformatoren genannt, geschaltet werden, in denen die

Energiequelle Fahrdraht.

Bahnstrom-Fernleitungsmast.

erzeugte niedrige Spannung in Hochspannung für den Energietransport umgewandelt wird. Umgekehrt sind an den Speisepunkten der Fahrleitung Transformatoren nötig, die aus der Hochspannung wiederum eine niedrigere, nämlich die Fahrdrahtspannung von 15 000 Volt herstellen. Während das Hochtransformieren in den Schaltanlagen der Kraftwerke erfolgt, werden zum „Abspannen" besondere Umspannwerke, bei der Eisenbahn „Unterwerke" genannt, eingerichtet. Die meisten arbeiten vollautomatisch; auch die Schalter, die dort eingebaut sind, um im Bedarfs- oder Gefahrfall die Einspeisung augenblicklich unterbrechen zu können, werden fernüberwacht und ferngesteuert.

Netzleitstelle der Bundesbahn in der Zentralstelle für Bahnstromversorgung, Frankfurt (Main).

Rechenstift und Computer dirigieren Kilowattstunden

Nahezu 650 000 Mark bezahlt die Bundesbahn gegenwärtig für den Strom, den ihre elektrischen Lokomotiven an einem einzigen Tag verbrauchen. Dabei gehören die meisten Kraftwerke, die das Bahnnetz versorgen, nicht der Bundesbahn selbst. Sie bezieht die elektrische Energie vielmehr von den Elektrizitätsgesellschaften, deren Strompreise zu bestimmten Tageszeiten, bei gewissen Abnahmemengen und unter anderen Bedingungen zum Teil stark voneinander abweichen.

So fährt die Bundesbahn am günstigsten, wenn sie in jedem Augenblick die billigsten Stromangebote nützt, wenn sie für die „Grundlast" preiswerte Kraftwerke heranzieht, die teuren nur zur Deckung des Spitzenbedarfs einschaltet. Diese Disposition geschieht Tag und Nacht in der Netzleitstelle der Zentralstelle für Bahnstromversorgung. Ihre Kenntnis der Stromlieferverträge und ihre lange Erfahrung verbunden mit den Anzeigen der Meßinstrumente versetzen die Ingenieure der Bundesbahn, die hier ununterbrochen die Stromversorgung für den elektrischen Bahnbetrieb überwachen, in die Lage, die Kosten für die verbrauchten Kilowattstunden möglichst nahe am Minimum zu halten. Neuerdings unterstützt sie dabei ein Computer, der mit den entsprechenden Daten und Angaben programmiert ist und dem die augenblicklichen Meßwerte in ständigem Rhythmus mitgeteilt werden. Damit kann der Elektronenrechner das absolute Minimum an Stromkosten herbeiführen, was der menschlichen Disposition mit dieser Exaktheit niemals möglich wäre.

In der Netzleitstelle ist außerdem auf einer großen, aus unzähligen Mosaiksteinen zusammengesetzten Wandtafel das 110-kV-Bahnstromnetz mit sämtlichen Kraftwerken, Umformerwerken und Unterwerken sowie den Kuppelschaltern schematisch dargestellt, und der Betriebszustand durch farbige Ausleuchtung angezeigt. Von hier aus können die nötigen Schaltmaßnahmen durch Fernsteuerung unmittelbar ausgeführt werden.

Rechts unten:
Einrichtungen für die Netzoptimierung in der Zentralstelle für Bahnstromversorgung, Frankfurt (Main).

Schaltwarte für die Bahnstromerzeugung im Kraftwerk Datteln.

Seite 24/25:
Begegnung zweier Epochen.

DB
98307

2
DB
103 002-2

Mit 14 000 PS auf Tempo 200

Um ihre Aufgabe erfüllen zu können, benötigen die elektrischen Lokomotiven wie jeder andere Stromverbraucher Anschluß an das elektrische Netz, die Stromquelle. Er erfolgt durch den Stromabnehmer, auch „Bügel" genannt, der durch Druckluft gegen den Fahrdraht gedrückt wird. Über einen auf dem Lokomotivdach angeordneten Hauptschalter wird die Fahrdrahtspannung von 15 000 Volt der Hochspannungsseite des Lokomotivtransformators zugeführt. Bei modernen Lokomotiven nimmt ein Hochspannungsschaltwerk von den Anzapfungen an der Hochspannungs- oder „Regelwicklung" des Transformators die benötigte Spannung ab und führt sie der eigentlichen Primärwicklung zu. In festem Übersetzungsverhältnis zur Sekundärwicklung wird die Spannung dann transformiert und den Fahrmotoren zugeführt. Die Spannung an den Motoren selbst ist verhältnismäßig niedrig; sie liegt zum Beispiel bei der elektrischen Schnellzuglokomotive der Baureihe 110 zwischen rund 25 und 550 Volt bei insgesamt 28 Fahrstufen. Um den elektrischen Stromkreis zu schließen, muß der vom Generator erzeugte, über Fern- und Fahrleitung zugeführte und in den Fahrmotoren zur Arbeitsleistung verwendete Strom ins Kraftwerk zurückgeführt werden. Dies geschieht durch die Fahrschienen, die elektrisch mit den Transformatoren der Unterwerke verbunden sind.

Alle neuzeitlichen elektrischen Lokomotiven besitzen Einzelachsantrieb. Jede Lokomotivachse ist dabei mit einem eigenen Antriebsmotor versehen. Die Kraftübertragung von den Motorwellen auf die Radsätze erfolgt über eine Hohlwelle, von der jede Achse umgeben ist. Ein kleineres Zahnrad auf der Motorwelle treibt ein Großrad an, das mit der Hohlwelle fest verbunden ist. Zwischen diesem Großzahnrad und dem Radsatz besteht durch Gummielemente eine in gewissen Grenzen elastische Verbindung.

Die Achsen werden in Drehgestellen untergebracht, die sich dem Gleisverlauf entsprechend einstellen können und den Fahrzeuglauf entscheidend beeinflussen. Die meisten neueren Lokomotiven der Bundesbahn sind vierachsig, besitzen also zwei Drehgestelle mit je zwei Achsen. Nur die schweren Güterzuglokomotiven der Reihe 150 und die Schnellfahrlokomotiven 103 benötigten sechs Antriebsachsen.

Im Interesse möglichst wirtschaftlicher Instandhaltung und geringer Lagerhaltung bei Ersatzteilen bemüht sich die Bundesbahn um Beschränkung auf nur wenige Lokomotivtypen sowie um weitgehende Vereinheitlichung der Bauteile. So besteht der Bestand an neuzeitlichen elektrischen Lokomotiven heute aus nur fünf verschiedenen Baureihen, von denen sich zwei nur im Übersetzungsverhältnis ihres Antriebes unterscheiden.

Für den Schnellverkehr mit 200 km/h, aber auch für den schweren Schnellzugdienst mit 160 km/h Höchstgeschwindigkeit steht die Baureihe 103 zur Verfügung, von der zunächst vier Probelokomotiven beschafft worden waren, inzwischen jedoch eine größere Zahl ausgeliefert ist. Ihre Spitzenleistung liegt bei 14 000 PS. Für Versuchsfahrten hat als einzige die 103 118-6 geänderte Getriebeübersetzungen für 250 km/h erhalten.

Die bisher im Schnellzugdienst dominierende Baureihe 110 mit 150 km/h Höchstgeschwindigkeit wird künftig mehr und mehr auf den Eilzugdienst abgestellt, der auf 140 km/h beschleunigt werden soll. Für den leichteren und mittelschweren Güterzugdienst steht die Baureihe 140 zur Verfügung, deren Höchstgeschwindigkeit von 100 auf 110 km/h erhöht wurde. Diese Lokomotive entspricht bis auf das Getriebe-Übersetzungsverhältnis der 110. Sie wird auch im Personennahverkehr eingesetzt. Besonders für diesen Bereich entwickelt ist jedoch die Baureihe 141, deren Höchstgeschwindigkeit 120 km/h beträgt. Den schweren Güterzugverkehr hat die Baureihe 150 zu bestreiten. Sie kann 100 km/h erreichen.

Serienausführung der Baureihe 103 für 200 km/h.

110 300, einzige Lokomotive dieser Baureihe für 200 km/h.

DB
103 109-5

DB
110 300-1

Die Baureihe 110 in der ersten Serienausführung.

Rechts oben:
Baureihe 141 für Nahverkehrszüge, oft auch in Wendezügen eingesetzt.

Baureihe 139, eine Variante der 140, mit elektrischer Widerstandsbremse.

Rechts unten:
Die schwerste Güterzuglok der Bundesbahn: Baureihe 150.

2
1
DB
BBC
141 069-5

2
DB
150 107-1
AEG
KRUPP
150 107-1

Keine Grenzen für die Technik

Eine gewisse Sonderstellung nehmen zwölf moderne Lokomotiven der Bundesbahn ein, die für den Einsatz über Landesgrenzen hinweg entwickelt wurden, an denen gleichzeitig auch unterschiedliche Stromsysteme aneinanderstoßen. Die ersten drei wurden 1957 für den Betrieb an der deutsch-französischen Grenze in Auftrag gegeben. Sie können sowohl im deutschen Netz mit $16^2/_3$ Hertz und 15 000 Volt, als auch im französischen mit 50 Hertz und 25 000 Volt fahren. Sie tragen die Baureihenbezeichnung 182.
Im Herbst 1966 erhielt die Bundesbahn die erste „Europa-Lokomotive", die für alle vier in den mitteleuropäischen Ländern heute vorkommenden Stromsysteme geeignet ist, neben dem Einphasenwechselstromteil also auch noch einen Gleichstromteil für 1500 und 3000 Volt Fahrdrahtspannung besitzt. Von dieser Lokomotive der Baureihe 184 wurden fünf Stück beschafft, weitere vier von einer Zweisystem-Variante, Baureihe 181, bei der einfach der Gleichstromteil weggelassen wurde. Er kann jedoch später bei Bedarf eingesetzt und die Lokomotive damit zur Viersystem-Lok ausgebaut werden.
Bei der Entwicklung der Baureihen 184 und 181 war es Ziel der Bundesbahn, eine ebenso leistungsstarke, jedoch nicht schwerere Lokomotive für alle vier Stromsysteme

zu schaffen, wie sie die damalige E 10, heute 110, für nur ein System darstellt. Um diese Forderung zu realisieren, ging die Industrie in enger Zusammenarbeit mit der Bundesbahn völlig neue Wege. An die Stelle der konventionellen Schaltwerksteuerung trat die „Anschnittsteuerung", die mit der Leistungselektronik möglich wurde.
Die nötige Antriebsleistung läßt sich dabei verlust- und stufenlos regeln. Die Lokomotivmotoren werden mit reinem oder welligem Gleichstrom gespeist. Beim Gleichrichten des Wechselstromes kann der Stromfluß mit Hilfe von steuerbaren Gleichrichtern – Thyristoren – für einen bestimmten Teil jeder Wechselstrom-Halbwelle gesperrt werden. Je nachdem, ob die Thyristoren früher oder später „gezündet" werden und damit der Stromfluß einsetzt, wird die abgenommene Leistung größer oder kleiner. Über diesen Anwendungsbereich hinaus hat die Elektronik im Lokomotivbau heute bereits vielfältige Aufgaben übernommen.
Die Zweisystemlokomotiven der Bundesbahn fahren vor allem im Güter-, aber auch im internationalen Reiseverkehr zwischen der Bundesrepublik und Frankreich. Die Viersystemlokomotiven sind von Köln aus im Verkehr nach Belgien eingesetzt. Sie können die Systemgrenzen ohne Halt in voller Geschwindigkeit durchfahren und dabei von Hand oder automatisch auf das neue System umgeschaltet werden.

Links:
„Europa-Lok" bei der Einfahrt in den Kölner Hauptbahnhof.

Schnellzug Frankfurt–Paris abfahrbereit mit Zweisystem-Lokomotive der Baureihe 181.

1
1
1
2
Anstrich SH MF 9.59

Elektrische Oldtimer noch gefragt

Strecken, die neu in das elektrische Netz der Bundesbahn einbezogen werden, gehen stets zu einem festen Termin, meist zum Fahrplanwechsel, in Betrieb. Die Lokomotivlieferungen der Industrie erfolgen dagegen kontinuierlich nach langfristig festgelegtem Fertigungsprogramm. So kommt es, daß auf neu elektrifizierten Strecken anfangs oft noch Dampflokomotiven „unter Draht" fahren, daß aber auch elektrische Lokomotiven aus früherer Zeit in verstärktem Maße besonders für untergeordnete Leistungen herangezogen werden. Außerdem hat das starke Ansteigen des Verkehrs in jüngster Zeit die Mobilisierung aller Lokomotiv-Reserven notwendig gemacht. Dadurch ist auch die schon ins Auge gefaßte Ausmusterung besonders altgedienter elektrischer Oldtimer immer wieder aufgeschoben worden.

Den wenigen Baureihen moderner elektrischer Lokomotiven stehen nicht weniger als sechzehn ältere Typen gegenüber. Sechs davon besitzen noch einen Stangenantrieb, die übrigen verschiedene Bauformen des Einzelachsantriebs.

Bemerkenswert erscheint, daß die ältesten Bundesbahnlokomotiven nicht im Bestand der Dampflokomotiven zu finden sind, sondern unter den elektrischen Oldtimern. Die 1909 in Dienst gestellte 169 002 ist mit über sechzig Betriebsjahren die älteste Lokomotive der Bundesbahn, die zweitälteste ihre 1912 fertiggestellte Schwester 169 003. Beide wurden für die Nebenbahn Murnau–Oberammergau gebaut und sind auch heute noch dort eingesetzt.

Lange Zeit die schnellsten elektrischen Lokomotiven Deutschlands waren die vier Maschinen der Baureihe 119, die vor dem Zweiten Weltkrieg für die Strecke München–Berlin entwickelt worden waren und 180 km/h Höchstgeschwindigkeit erreichen sollten. Alle vier gehören noch heute zum Fahrzeugpark der Bundesbahn und sind auch auf der ihnen ursprünglich zugedachten Strecke im Schnellzugdienst eingesetzt, allerdings nur auf dem südlichen Teilstück zwischen München und der Grenze bei Probstzella. Auch die ursprüngliche Höchstgeschwindigkeit wurde auf 140 km/h reduziert.

Für den Schnell- und Eilzugdienst im süddeutschen Raum leistet die ebenfalls in den dreißiger Jahren gebaute Baureihe 118 mit 140 km/h Höchstgeschwindigkeit noch wertvolle Dienste. Von der 119 unterscheidet sie sich äußerlich kaum. Zwei Lokomotiven der Reihe 118 wurden noch nach dem Krieg im Jahre 1955 ausgeliefert; sie entstanden aus vorhandenen Teilen, die für weitere Aufträge aus der Vorkriegszeit bei der Industrie noch vorhanden waren.

Im Eilzug- und teilweise auch noch im Schnellzugeinsatz stehen ferner die Baureihen 116, in Freilassing beheimatet, 117 in Augsburg und 104 in Osnabrück stationiert. Auf fast sämtlichen elektrischen Strecken ist vor allem im Nahverkehr die 144 zu finden, von der zwischen 1946 und 1955 noch elf Stück hergestellt wurden.

Die meisten nach dem Krieg gelieferten Lokomotiven der Vorkriegsserien gehören dagegen zur Baureihe 194, einer schweren sechsachsigen Güterzuglokomotive, die vor der Entwicklung der Baureihe 150 die stärkste elektrische Lok der Bundesbahn gewesen ist. Mit insgesamt 124 Stück ist sie zahlenmäßig unter den älteren Lokomotiven heute noch am stärksten vertreten. Sechzehn davon wurden von 1946 bis 1952 aus noch vorhandenen Teilen früherer Aufträge fertiggestellt, weitere 43 von 1954 bis 1956 nachgebaut. Von der etwas leichteren Schwesterbaureihe 193 sind noch 18 Lokomotiven im Einsatz. Echte Oldtimer bilden eigentlich nur die Baureihen 132, 152, 175 und 191, insgesamt noch 49 Stück, sowie die bereits erwähnte Baureihe 169 für die Oberammergauer Bahn. Für Rangieraufgaben sind schließlich noch die Baureihen 160 und 163 im Einsatz.

Elektrische Oldtimer, Baureihe 132.

Die elektrische Schnellzuglok, Baureihe 118, erreicht noch heute 140 km/h.

Rechts oben:
Schwere Güterzuglokomotive, Baureihe 194, die Vorgängerin der Baureihe 150.

Erste Schnellzuglok mit Einzelachsantrieb, noch heute unentbehrlich: Baureihe 116 im Münchner Hauptbahnhof.

Rechts unten:
„Mädchen für alles“: Baureihe 144.

194 183-0
194 158-2
194 158-2

2
144 089-0
144 089-0

E 1901

119 001-6

Links oben:
Einst die schnellste Ellok Deutschlands: E 19 01 bei der Fahrt über die Steilrampe Probstzella–Ludwigsstadt im Thüringer Wald.

Links unten:
Die gleiche Lok heute als 119 001-6

Älteste Lok der Bundesbahn: 169 002 bei Oberammergau.

Für jeden Zweck eine Diesellok

Lange Zeit beschränkte sich der Einsatz von „Brennkraftlokomotiven" auf den leichten Rangier- und Verschiebedienst. Erste Anfänge für den Bau großer Diesellokomotiven gehen in die dreißiger Jahre zurück, doch der eigentliche Durchbruch der leistungsstarken Diesellok gelang erst nach dem Kriege. Dafür waren die jahrelangen Bemühungen, das von Professor Föttinger entwickelte Flüssigkeitsgetriebe dem Lokomotivbau zugänglich zu machen, von großem Erfolg gekrönt. Die „diesel-hydraulische" Kraftübertragung hat sogar in Amerika, dem Kernland des „diesel-elektrischen" Prinzips, gegen die harte Konkurrenz amerikanischer Konzerne zumindest zeitweise Fuß fassen können.
Beim diesel-elektrischen Verfahren erzeugt der Dieselmotor über einen Generator elektrischen Strom. Die Fahrmotoren der Lokomotive sind Elektromotoren, die aus dem vom Diesel angetriebenen Stromerzeuger ihre elektrische Energie beziehen. Bei diesen Lokomotiven läßt sich also die Frage, ob es sich überhaupt um Diesel- oder nicht um „heimliche" Elektroloks handelt, nicht eindeutig beantworten.
Die in Deutschland entwickelte und hier fast ausschließlich angewandte diesel-hydraulische Kraftübertragung gestattet, ähnlich wie bei Kraftfahrzeugen, einen unmittelbaren Antrieb über ein Getriebe. Daß es sich dabei nicht um ein mechanisches, sondern ein Flüssigkeitsgetriebe handelt, ändert nichts am Grundsätzlichen. Wesentlichster Vorteil des hydraulischen Getriebes ist dessen Eigenschaft, innerhalb bestimmter Geschwindigkeitsbereiche das Drehmoment stufenlos zu wandeln. Um den gesamten Bereich vom Stillstand bis zur Höchstgeschwindigkeit einer Lokomotive bestreichen zu können, werden verschieden ausgelegte derartige „Drehmomentwandler" verwendet. Nur das für den gerade benützten Bereich vorgesehene Gehäuse wird mit Getriebeöl gefüllt und damit in Tätigkeit gesetzt, während die übrigen entleert, also wirkungslos sind.
Diesellokomotiven lassen sich äußerst wirtschaftlich einsetzen. Ihr Wirkungsgrad übertrifft mit rund dreißig Prozent selbst den der Ellok erheblich. Unabhängig von Fahrleitungen und stationären Energieversorgungsanlagen kann die Diesellok überallhin fahren, ohne daß zuvor irgendwelche besonderen Investitionen in ortsfeste Einrichtungen vorausgehen müssen. Lediglich Tankstellen sind nötig, um die Brennstoffvorräte auffüllen zu können. So setzt sich der Dieselbetrieb überall dort durch, wo ein verhältnismäßig geringes Verkehrsvolumen den teuren elektrischen Streckenausbau nicht rechtfertigen würde.
Dennoch verfügt die Bundesbahn fast für jeden Zweck auch über entsprechende Dieselloks. Selbst für den schweren Schnellzugdienst mit 160 km/h und für den Güterzugbetrieb wurde von der Industrie eine sechsachsige Diesellok mit insgesamt 4000 PS, Baureihe 232, entwickelt. Allerdings hat die Bundesbahn über das Entwicklungsmuster hinaus keine weiteren derart schweren Diesellokomotiven beschafft, da alle Strecken, auf denen so hohe Leistungen verlangt werden, mittlerweile elektrifiziert sind.
Weit verbreitet im Schnellzugdienst nicht elektrifizierter Strecken sind dagegen die Baureihen 220 und 221, die sich äußerlich nicht unterscheiden. Nur in der Leistung weichen sie voneinander ab. Beide Baureihen eignen sich auch für den mittelschweren Güterzugdienst.
Durch die Entwicklung immer leistungsstärkerer Dieselmotoren ist es gelungen, nahezu die gleiche Antriebsleistung der zweimotorigen Baureihe 220 in die einmotorige 218 zu installieren. Von dieser besonders formschönen Lokomotive gibt es mehrere äußerlich kaum unterscheidbare Varianten. Als erste Ausführung wurde die Baureihe 216 mit geringerer Motorleistung hergestellt. Für Versuche mit elektrischer Zugheizung kamen

Seite 40/41:
Startbereit

Einzige ältere Großdiesel-
lokomotive der Bundesbahn
mit elektrischer Kraft-
übertragung: 288 002 in
Schweinfurt.

Eine der markantesten
Erscheinungen auf den
Strecken der Bundesbahn:
die weinrote 221.

Größte und schwerste
Diesellok der Bundesbahn:
232 001 für 160 km/h.

Leichte Rangierdiesellok, Baureihe 260.

Rechts oben:
Überall in Deutschland im Nahverkehr und im leichten Güterzugdienst: Diesellok Baureihe 211.

Schwere Rangierdiesellok, Baureihe 290.

Rechts unten:
Die formschöne Diesellok 216 fährt vor allem Eilzüge und leichte D-Züge.

DB
216 093-5

die Baureihen 217 und 219 hinzu. Später folgte die 215 mit etwas verlängerter Form, dann die 218 mit besonders hoher Motorleistung und zuletzt die 210, die zusätzlich noch eine Gasturbine erhalten hat und ebenfalls 160 km/h erreichen kann.

Erste Diesellok der Bundesbahn mit zusätzlicher Gasturbine: 219 001.

Diesen Bestrebungen, die installierte Leistung der Diesellokomotiven möglichst hochzuschrauben, liegt die Absicht zu Grunde, nach dem Auslaufen der Dampflokomotive auch die Dampfheizung der Reisezüge aufzugeben. Dann müssen auch die Dieselloks, die heute größtenteils mit besonderen Dampfkesselanlagen für die Zugheizung ausgerüstet sind, auf elektrische Heizung umgestellt werden. Ein Reisezug mit zehn Schnellzugwagen erfordert jedoch eine Heizleistung von rund 400 Kilowatt, das sind weit über 500 PS, also über ein Viertel der Gesamtleistung der Baureihe 220. Um den Energiebedarf für die elektrische Heizung decken zu können, ist deshalb zusätzliche Antriebsleistung erforderlich, wenn die Lokomotive nicht wesentlich geschwächt werden soll.

So ließ die Bundesbahn drei Lokomotiven mit einem zweiten kleineren Motor, eine weitere mit einer zusätzlichen Gasturbine ausrüsten. Diese Zusatzaggregate können über das hydraulische Getriebe auch für eine Aufstockung der Antriebsleistung verwendet werden, wenn der Heizgenerator – etwa im Sommer – nicht benötigt wird. Sonst decken sie im wesentlichen den Leistungsbedarf für die elektrische Zugheizung. Später brachte die Industrie Dieselmotoren mit 2500 PS Leistung auf den Markt, so daß auf den Einbau eines zusätzlichen zweiten Motors verzichtet werden konnte. Die Baureihe 218 kann damit auch den Heizgenerator aus dem Fahrdieselmotor antreiben, ohne daß sich die Traktionsleistung unzulässig vermindert. Neuerdings beschafft die Bundesbahn die Baureihe 210, die neben dem 2500-PS-Dieselmotor noch eine Gasturbine enthält, die bei nur 350 Kilogramm Gewicht weitere 1100 PS leistet. Mit zusammen 3600 PS ist dieses Fahrzeug die stärkste vierachsige Diesellok der Welt.

Für den Nahverkehr und den leichteren Güterzugdienst stehen in großer Zahl die Baureihen 211, 212 und 213 zur Verfügung, die sich im Äußeren ebenfalls nicht unterscheiden. Die Reihen 211 und 212 weichen nur in der Antriebsleistung voneinander ab, während die Reihe 213 zusätzlich mit einer hydrodynamischen Bremse für Steilstreckenbetrieb ausgerüstet ist.

Als wichtigste Rangierlokomotiven stehen die nur in der Leistung geringfügig sich unterscheidenden Baureihen 260 und 261, sowie die erheblich stärkere 290 zur Verfügung.

Daneben gibt es außer den zahlreichen kleineren Rangierdieselloks auch etliche Außenseiter im Diesellokomotiv-Bestand der Bundesbahn. Sie stammen größtenteils aus Entwicklungen, die von der Industrie allein durchgeführt wurden, meist im Blick auf Exportmöglichkeiten. Diese Lokomotiven wurden dann im Alltagsbetrieb bei der Bundesbahn erprobt und später vielfach von ihr angekauft. Hierzu gehörte die 232 ebenso wie die ebenfalls sechsachsige 230, die äußerlich der Baureihe 220 ähnelt. Auch zwei diesel-elektrische Lokomotiven, Baureihe 201 und 202, kamen so vorübergehend in den Lokomotivbestand der Bundesbahn. Eine weitere diesel-elektrische Lok, Baureihe 288, ist noch aus der Vorkriegszeit erhalten geblieben. Sie war bereits für die Rüstung bestimmt und sollte mit ihrer diesel-elektrischen Ausrüstung die Stromversorgung von Eisenbahngeschütz-Einheiten übernehmen. Auch die Baureihe 265, ähnlich der 260, stellt eine Industrieentwicklung dar, die ursprünglich nicht für die Bundesbahn bestimmt war. Die Baureihe 280 schließlich kann als Vorläuferin der 211 und 212 gelten.

Für die wenigen Schmalspurbahnen, die im Netz der Bundesbahn noch in Betrieb sind, wurden während der vergangenen Jahre ebenfalls einige Diesellokomotiven beschafft: die Baureihe 251 für 750 Millimeter Spurweite und die Reihe 252 für Meterspur, ferner die Baureihe 299 mit Kettenantrieb ebenfalls für Meterspur.

Stärkste vierachsige Diesellok der Welt: Baureihe 210 mit 2 500-PS-Motor und 1 100-PS-Gasturbine.

DB
219 001-5
DB
219 001-5

DB
210 001-4
12

Renaissance des Triebwagens?

TEE-Diesel-Triebwagen der Baureihe 602 bei St. Goar am Rhein.

Triebwagen bei der Eisenbahn sind mit den Omnibussen im Straßenverkehr vergleichbar. Sie dienen als Reisefahrzeuge und verfügen über eigene Antriebsmotoren. So brauchen sie nicht, wie die üblichen Eisenbahnzüge, eine Lokomotive zur Beförderung.

Über die Vor- und Nachteile des Triebwagens und des Zuges mit Lokomotivbespannung gibt es seit eh und je sehr unterschiedliche Ansichten. Die Deutsche Reichsbahn der dreißiger Jahre baute auf dem Dieseltriebwagen ihr Fernschnellzugnetz auf und erlangte damit Weltruf. Auch die Berliner und die Hamburger S-Bahn, ausschließlich mit Triebwagen befahren, galten als mustergültige Nahschnellverkehrsnetze. Die Bundesbahn behielt nach dem Kriege auch im Fernverkehr den Weg ihrer Vorgängerin bei und ließ als erste besonders komfortable Neubauten zwei Gliedertriebzüge bauen, denen später die noch heute populären Trans-Europ-Express-Triebwagen folgten.

Vor allem zwei Gesichtspunkte lenkten dann aber die Entwicklung in andere Richtung. Die stark wechselnde Besetzung der TEE-Züge, die vor allem bei Nebel über den Flughäfen plötzlich stark überfüllt waren, ließ eine Verstärkung der Züge bei Bedarf notwendig erscheinen, wozu sich aber der Triebwagen schlecht eignete, weil ihm nicht einfach Wagen angehängt werden können. Außerdem wurden die von TEE-Zügen befahrenen Strecken nach und nach in das elektrische Netz einbezogen, das Fahren mit dem Dieseltriebwagen unter der elektrischen Fahrleitung aber als Stilbruch empfunden und als unwirtschaftlich verworfen. So kam es zur Entwicklung der neuen TEE-Reisezugwagen, Bauart „Rheingold“, und zur weitgehenden Ablösung der TEE-Triebwagen durch Wagenzüge mit Lokomotivbespannung. Die eleganten und komfortabel ausge-

Modell des neuen elektrischen Intercity-Schnelltriebwagens ET 403.

TEE

statteten Triebwagen bildeten dann den Grundstock für das neue Intercity-Netz, wobei sie allerdings doch vorwiegend auf elektrifizierten Strecken eingesetzt sind.
Neuerdings scheint das Pendel wieder mehr zum Triebwagen hin auszuschlagen. Das Intercity-Netz wird zum Teil mit neuen elektrischen Schnelltriebwagen, Baureihe 403, ausgestattet. Die ersten werden gegenwärtig gebaut und sollen 1972 noch vor Beginn der Olympischen Spiele zur Verfügung stehen. Der aus vier Wagen bestehende Triebzug erreicht 108 Meter Länge und enthält einschließlich Speisewagen 184 Sitzplätze. Mit 16 Fahrmotoren verfügt er über rund 8200 PS maximale Anfahrleistung.
Die Fahrgasträume der beiden Endtriebwagen enthalten Einzelabteile, einer der Mitteltriebwagen einen Großraum, der andere den Speiseraum, die Küche, Zugsekretariat und Telefonzelle sowie einen kleineren Fahrgastraum. Alle Wagen bieten TEE-Komfort mit Klimaanlage. Die Fahrzeuge selbst werden in Aluminium-Leichtbauweise hergestellt.
Gleichzeitig laufen Versuche, die vorhandenen TEE-Dieseltriebwagen mit je einer Gasturbine auszurüsten, um ihnen damit den heutigen Anforderungen entsprechend höhere Antriebsleistung verleihen und die Geschwindigkeit steigern zu können. Darüber hinaus reichen die Planungen bereits zu „Triebköpfen“ mit zwei Gasturbinen von je 2500 PS. Zwischen zwei solche Triebköpfe sollen sich gewöhnliche Reisewagen kuppeln lassen, womit eine völlig neue Art des Triebzuges entstehen würde. Ein solcher Zug ließe sich vor allem dem Verkehr leicht anpassen. Der Antrieb durch vier Gasturbinen soll einen wirtschaftlichen Einsatz ermöglichen, der bei Gasturbinen bisher nur im Vollastbereich zu erreichen ist. Durch An- und Abschalten einzelner Turbinen bei wechselndem Leistungsbedarf läßt sich der Zug jedoch so fahren, daß eine Turbine mit Teillast läuft, während die anderen entweder voll beaufschlagt oder ganz abgeschaltet sind. Die Höchstgeschwindigkeit dieser Züge soll mindestens 200 Stundenkilometer betragen.

TEE-Dieseltriebwagen der Baureihe 602 als „Intercity“ im Karwendel bei Mittenwald.

Keine S-Bahn ohne Triebwagen

Unangefochten haben die Triebwagen ihre Stellung über Jahrzehnte hin nur im S-Bahn-Verkehr behaupten können. Hier eignen sie sich ausgezeichnet, da die Betriebsverhältnisse mit Ausnahme tageszeitlicher Schwankungen immer gleich bleiben, die Züge in dichter Folge nacheinander verkehren, die Streckenverhältnisse auf den Nahverkehrslinien einander weitgehend gleichen und Triebwagen beim Publikum eher den Eindruck des schnellen S-Bahn-Verkehrs vermitteln als Wagenzüge mit Lokomotivbespannung, die an die große Eisenbahnreise erinnern.
Die ursprünglich mit Wechselstrom und Oberleitung betriebene Hamburger S-Bahn ist heute auf Gleichstrombetrieb umgestellt. Die Nennspannung beträgt 1200 Volt. Über eine seitlich bestrichene Stromschiene wird die elektrische Energie zugeführt.
Eingesetzt sind Triebzüge der Baureihe 471, die zwischen 1940 und 1958 gebaut wurden, ferner neuere, aber äußerlich sehr ähnliche Triebzüge der Baureihe 470 aus den Jahren 1959 und 1960 sowie von 1967 bis zur Gegenwart. Für die Erweiterung des Streckennetzes beschafft die Bundesbahn den Triebzug 470 weiter. Seine Höchstgeschwindigkeit beträgt 100 km/h, die des Triebzuges 471 nur 80 km/h.
Für die Wechselstrom-S-Bahn-Netze in München und Frankfurt, im Ruhrgebiet und im Raum Stuttgart haben die Bundesbahn und die deutsche Industrie einen neuen elektrischen S-Bahn-Triebzug konzipiert, der modernsten Gesichtspunkten der Technik und des Nahverkehrs Rechnung trägt. Da die Netze der neu entstehenden S-Bahnen zumindest in naher Zukunft nicht vom Fernverkehr getrennt werden können, sondern die bestehenden Strecken mitbenützen, kam für die Fahrzeuge nur das allgemeine Stromsystem der Bundesbahn mit 15 000 Volt Wechselspannung und $16^2/_3$ Hertz sowie Stromzuführung über die Oberleitung in Frage.
Bei der Konstruktion dieses neuen S-Bahn-Zuges stand das Ziel im Vordergrund, ein so attraktives Fahrzeug zu schaffen, daß in Zukunft besonders bei den Berufsreisenden die Neigung zur Rückkehr auf die Schiene entscheidende Impulse erhalten würde. Als eine der wichtigsten Voraussetzungen hierfür gilt kurze Fahrzeit, also hohe Reisegeschwindigkeit trotz den zahlreichen Haltestellen. Aus diesem Grunde verfügt der neue Triebzug, Baureihe 420, über die höchste Antriebsleistung aller vergleichbaren Fahrzeuge. Jede Achse des Zuges, auch in den Mittelwagen, besitzt einen Fahrmotor.
In knapp 17 Sekunden beschleunigt der über 200 Meter lange Zug auf 60 km/h, in weiteren zwanzig Sekunden auf die Höchstgeschwindigkeit von 120 km/h.
Die Steuerung der Energiezufuhr zu den Fahrmotoren geschieht in ähnlicher Weise wie bei den Mehrsystemlokomotiven elektronisch. Dadurch fallen die bisher nötigen Stufenschaltwerke weg, der Fahrgast spürt kaum einen Ruck beim Anfahren. Bis zu den Olympischen Spielen 1972 sind insgesamt 120 dreiteilige Triebzüge der Baureihe 420 eingesetzt. Im Münchner S-Bahn-Netz tragen die Züge auf dem weißgrauen Grundanstrich blaue Farbflächen an der Stirnseite und über den Fensterfronten. In Frankfurt werden diese Farbflächen weinrot, in Düsseldorf orange. Die Bundesbahn hat damit den in einer Befragung ermittelten Wünschen ihrer Fahrgäste Rechnung getragen.

Schräg in die Kurve

Bei dem Dieseltriebwagen der Baureihe 624 für den Bezirks- und Nahverkehr wurde erstmals eine bemerkenswerte Neuerung im Bau von Reisefahrzeugen der Bundesbahn getestet: die gleisbogenabhängige Wagenkastensteuerung. Sie beruht auf der Erkennt-

Wechselstrom-S-Bahn-Triebzug, Baureihe 420, in München.

Gleichstrom-S-Bahn-Triebzug, Baureihe 470, in Hamburg-Dammtor.

Rechts:
Dieseltriebzug mit Luftfedersteuerung, Baureihe 614.

nis, daß die meisten Kurven nicht der Sicherheit wegen zur Verminderung der Fahrgeschwindigkeit zwingen, sondern nur wegen des Fahrkomforts für die Reisenden. Eine stärkere Überhöhung des Gleises ist nicht zulässig, da Züge unter Umständen in solchen Abschnitten auch langsam fahren oder gar halten müssen, wobei dann besonders bei Güterzügen Gefahren etwa durch Verschiebung der Ladung eintreten könnten. Die gleisbogenabhängige Wagenkastensteuerung löst das Problem auf die Weise, daß im Bogen die Wagenaufbauten je nach Kurvenradius mehr oder weniger stark zur Bogeninnenseite hin geneigt werden. Die Einflüsse der Zentrifugalkraft, die dafür verantwortlich ist, wenn Fahrgäste im Seitengang an die Wand gepreßt werden oder im Speisewagen der Kaffee aus der Tasse schwappt, läßt sich auf diese Weise ausgleichen oder wenigstens in Grenzen halten, obwohl der Zug mit erheblich höherem Tempo in die Kurve geht, als normalerweise zulässig wäre.
Diese gleisbogenabhängige Wagenkastensteuerung, für die es verschiedene Bauformen gibt, soll auch in den mit Gasturbinen ausgerüsteten TEE-Triebwagen erprobt und in die neuen elektrischen Intercity-Triebwagen der Baureihe 403 eingebaut werden.
Dadurch wird es möglich sein, Kurven mit 200 km/h zu durchfahren, in denen Züge ohne diese Steuerung auf 160 km/h abbremsen müßten. Auf kurvenreichen Strecken, und zwei Drittel des gesamten Bundesbahnnetzes bestehen aus Kurven, läßt sich auf diese Weise die Reisegeschwindigkeit entsprechend ausgerüsteter Züge erheblich steigern, da auch die Zeitverluste durch Bremsen und erneutes Beschleunigen wegfallen.
Nicht zu übersehen ist andererseits, daß die auf das Gleis und den Oberbau ausgeübten Seitenkräfte durch die Luftfedersteuerung nicht vermindert werden können, sondern mit wachsender Geschwindigkeit der Fahrzeuge entsprechend größer werden. Deshalb ist vorgesehen, den Achsdruck von Fahrzeugen mit gleisbogenabhängiger Wagenkastensteuerung und hohen Kurvengeschwindigkeiten auf etwa 15 Tonnen zu begrenzen.

Die eiserne Bahn

Der Fahrweg hat der Eisenbahn den Namen gegeben. Er wurde also von Anfang an als das Wesentlichste dieses Verkehrsweges erkannt. Die „eiserne Bahn“ bildet gleichzeitig das Grundelement seiner hohen Sicherheit: die feste Führung der Räder auf dem Gleis lenkt jeden Zug über den vorgezeichneten Fahrweg.
Die hohen Anforderungen des heutigen Eisenbahnbetriebes an diesen Fahrweg haben aus dem „Oberbau“ – Gleis und Schotterbett – hochwertige technische Anlagen werden lassen.
Bei der Bundesbahn sind heute rund 46 000 Kilometer Gleis, das sind rund 75 Prozent des gesamten Netzes, lückenlos verschweißt. Der Oberbau weist derartige innere Festigkeit auf, daß er die Spannungen in Längsrichtung der Schienen, die in Folge der Temperaturschwankungen im Wechsel der Jahreszeiten auftreten, ohne weiteres aufzunehmen vermag. Die früher zur Längenausdehnung für nötig erachteten Stoßlücken können völlig wegfallen. Die Schweißarbeiten müssen allerdings bei einer mittleren Temperatur der Schienen von etwa 20 Grad Celsius durchgeführt werden. Bei dieser Temperatur sind die Schienen dann spannungslos, und die maximale Druckspannung bei sommerlicher Hitze sowie die maximale Zugspannung bei extremer Kälte erreichen etwa gleiche Werte.
Die lückenlose Verbindung der Schienen verbessert nicht nur den Fahrkomfort, sondern erleichtert auch die Instandhaltung des Oberbaues und vermindert den Verschleiß.
Die früher verlegten Schienen waren nur dreißig Meter lang. Seit die Gleise lückenlos verlegt werden, kommen bereits 120 Meter lange Schienen auf die Baustelle. Sie werden auf flachen Güterwagen befördert und passen sich in Folge der großen Elastizität des Stahles jeder Kurve von selbst an. Hierin liegt auch das Geheimnis, weshalb die Eisenbahn nicht – wie die Modellbahn – zwischen geraden und „gebogenen“ Schienen zu unterscheiden braucht.
Alle Hauptstrecken der Bundesbahn werden regelmäßig von einem Meßzug mit Ultraschall auf verborgene Materialfehler in den Schienen untersucht. Der in Minden (Westfalen) stationierte Schienenprüfzug befährt außerdem Eisenbahnstrecken in nahezu sämtlichen europäischen Ländern zwischen Polarkreis und Mittelmeer. Jährlich tasten die Ultraschall-Prüfköpfe des Zuges bei etwa 30 km/h Geschwindigkeit 26 000 Kilometer Gleis ab. Dabei wird jede Schiene von der Fahrfläche her in verschiedenen Richtungen mit Ultraschallimpulsen beschickt, deren Echo mit Hilfe eines komplizierten elektronischen Verfahrens wieder aufgenommen und ausgewertet wird. Die Geräte senden in jeder Sekunde rund 3000 Impulse aus und empfangen das Echo etwa fünfzig millionstel Sekunden später. Im Meßwagen werden die Signale auf einem Filmstreifen festgehalten; diese Aufzeichnungen gestatten dem Fachmann Rückschlüsse auf die Beschaffenheit der Schienen und zeigen Größe und Lage von Fehlerstellen an. Alle hundert Meter wird der Film automatisch mit einer Wegmarkierung versehen, die später das Auffinden von fehlerhaften Stellen auf etwa zehn Zentimeter genau ermöglicht. Wie in alter Zeit läßt die Bundesbahn darüber hinaus ihre Strecken laufend durch Streckengeher kontrollieren, die Hauptstrecken dreimal in der Woche.
Die Betonschwellen, die nach dem Krieg in verstärktem Maße eingebaut wurden, haben

Die eiserne Bahn – sicherer Fahrweg auch im Nebel.

Gleisbauhof Augsburg Obb.
Gleisbauhof Augsburg Obb.

Links oben:
Schnellumbauzug beim Einsatz in Niederbayern.

120 Meter lange Schienen rollen auf Eisenbahnwagen durch die Kurven.

Links unten:
Umbau im Weichenbereich des Bahnhofs Treuchtlingen.

Seite 56/57:
Gleise im Vorfeld des Münchner Hauptbahnhofs.

die Holzschwelle nicht aus dem Feld zu schlagen vermocht. Lediglich Stahlschwellen werden nicht mehr neu beschafft, vor allem deshalb, weil sie im Anschaffungspreis nicht konkurrenzfähig sind. Die Holzschwelle hat dagegen ihre Stellung behauptet; für Weichen werden ausschließlich Holzschwellen, vorwiegend aus Eiche und Buche, verarbeitet.

Zur Gleiserneuerung bedient sich die Bundesbahn seit einiger Zeit eines völlig neuartigen Verfahrens, bei dem das neue Gleis gewissermaßen am Fließband entsteht. Einziger Unterschied zum Fließbandbetrieb bei der Industrie: hier werden nicht die Erzeugnisse langsam weitertransportiert, sondern das ganze Fließband rollt selbst ständig vorwärts, während schließlich als fertiges Produkt das neue Gleis an Ort und Stelle liegen bleibt. Der „Schnellumbauzug", der diese Leistung vollbringt, mißt in seiner ganzen Länge mehrere hundert Meter. Mit einer Geschwindigkeit zwischen acht und neun Zentimetern in der Sekunde bewegt er sich langsam vorwärts, legt also etwa 300 Meter je Stunde zurück. Dabei rollt sein vorderer Teil noch auf dem alten Gleis, während die Räder des hinteren Teils bereits auf den neuen Schienen stehen. In der Mitte des Zuges führen einige Spezialmaschinen den eigentlichen Umbau des Gleises durch. Der vordere Zugteil dient zunächst als Lager für die neuen 120 Meter langen Schienen, während die neuen Schwellen auf dem rückwärtigen Teil des Zuges liegen. In umgekehrter Richtung wird das alte Material aufgenommen: alte Schienen nach hinten, alte Schwellen nach vorn. Nachdem die Befestigungsteile schon vorher gelöst wurden, erfolgt etwa in der Mitte des Zuges die Demontage des alten Gleises, die Schienen werden seitlich auseinandergeschwenkt und nach oben auf den Zug geführt. Ein Greifer hebt die Schwellen auf ein Förderband, das sie zum Stapeln auf die hierfür vorgesehenen Wagen weiterleitet. Maschinen reinigen, nivellieren und verdichten nun das Schotterbett, am Fließband werden die neuen Schwellen verlegt, die Schienen vom Zug herab während der Fahrt aufgesetzt und befestigt. In einer Schicht von zehn Stunden können so rund dreitausend Meter Gleis von Grund auf erneuert werden.

Für die Zukunft unternimmt die Bundesbahn Versuche mit völlig neuen Oberbauformen. Dabei soll das Schotterbett durch ein Material ersetzt werden, das sich beim Autobahnbau bewährt hat und aus extrem leichtem Kunststoff und Zement besteht. Nach den Vorstellungen der wissenschaftlichen Mitarbeiter der Bundesbahn könnten, wenn sich die Bauteile industriell vorfertigen lassen, bis zu zwei Kilometer Oberbau an einem Tag verlegt, die Kosten erheblich gesenkt und die wartungsfreie Zeit von zwei bis drei auf rund zehn Jahre erweitert werden. Die Elastizität des Oberbaues, wesentliche Voraussetzung für den Fahrkomfort auf der Schiene, würde dann nicht mehr vom Schotterbett und vom Untergrund, sondern von millimeterdicken Gummiplatten ausgehen, deren Profilierung hervorragende Federung bewirken soll.

Neue Schienen im Walzwerk der Maxhütte Sulzbach-Rosenberg.

Gütestempel für frisch gewalzte Schienen.

423

Sichere Straßen

Sicherheit zeichnet die Eisenbahn vor allen anderen Verkehrsmitteln aus. Seit eh und je gilt die Sicherheit des Schienenweges als sprichwörtlich, obwohl im Grunde jede schnelle Fortbewegung mehr oder weniger große Gefahren in sich birgt. Auch die Eisenbahnen sind davor nicht ohne weiteres gefeit. Mit hohem technischen Aufwand müssen sie jene sprichwörtliche Sicherheit erkaufen, die ihnen keineswegs wohlwollender Zufall geschenkt hat. Milliardenbeträge sind nötig, um sie zu erzielen und in jedem Augenblick aufrechtzuerhalten. Allerdings sehen die Eisenbahnen darin durchaus berechtigten Aufwand zum Schutz von Leben und Gesundheit ihrer Fahrgäste und gegen Beschädigung oder Zerstörung ihres Transportgutes.
Was die Eisenbahn vor allen anderen Verkehrsmitteln auszeichnet, ist ihre Spurgebundenheit, die nur einen „Freiheitsgrad" kennt und allein die geradlinige Bewegung in Richtung der Achse des Gleises zuläßt. Autos können sich in zwei, Flugzeuge sogar in drei Dimensionen frei bewegen, was ihr Unfallrisiko erhöht.
Anfangs, als auf den ersten Eisenbahnen nur ein Zug verkehrte, gab es eigentlich überhaupt kein Sicherheitsproblem. Lokomotive und Wagen konnten nur auf der festgelegten Fahrbahn ihres Gleises dahinrollen, Zusammenstöße waren unbekannt, denn andere Züge gab es nicht. Selbst später, als der Eisenbahnverkehr etwas dichter wurde, genügten noch gewisse Zeitabstände in den Abfahrten der einzelnen Züge, um nach menschlichem Ermessen alle Gefahren auszuschließen. Erst als auch die Geschwindigkeiten stiegen, die Streckennetze enger verzahnt und die Zugzahlen erheblich größer wurden, schlug die Geburtsstunde der Eisenbahn-Signaltechnik. An die Stelle des Zeitabstandes trat der Raumabstand. Das gesamte Streckennetz wurde in kleine Abschnitte eingeteilt, in denen sich stets nur ein Zug befinden darf. Wird diese Forderung gewissenhaft eingehalten, kann kein Zug einem anderen „zu nahe kommen".
Um diese so einfach erscheinende Überlegung im alltäglichen Betrieb mit der nötigen Zuverlässigkeit durchzusetzen, bedarf es zahlreicher technischer Vorkehrungen. Jeder der Streckenabschnitte ist durch ein Signal gedeckt, um dem folgenden Zug mitzuteilen, ob der nächste Abschnitt frei oder belegt, die Einfahrt damit zulässig oder gesperrt ist. Technische Einrichtungen müssen dafür sorgen, daß die Stellung der Signale auch tatsächlich mit dem Betriebszustand der zugehörigen Gleisabschnitte übereinstimmt, technische Einrichtungen müssen aber auch gewährleisten, daß der Lokomotivführer die Befehle der Signale nicht mißachtet oder übersieht. Und was geschieht, wenn der Mann auf dem Führerstand plötzlich ausfällt, wenn er – ein Mensch – einschläft oder ohnmächtig wird? Auch dann müssen technische Einrichtungen in Funktion treten, um Gefahren abzuwenden. In den Bahnhöfen mit ihrem Gewirr von Gleisen und Weichen dürfen Signale erst auf „Fahrt" gestellt werden können, wenn die Weichen richtig gestellt sind. Andererseits darf sich keine Weiche unter dem fahrenden Zug bewegen lassen.
Die technischen Sicherungseinrichtungen der Bundesbahn gewährleisten, daß all diese Grundsätze nicht durch menschliches Versagen in Frage gestellt werden können. Dabei wurden im Laufe der Jahrzehnte immer neue Anlagen geschaffen, die schließlich zum heute möglichen absoluten Höchststand an Sicherheit und Zuverlässigkeit führten.

Weichenstraßen.

Muskelkraft nicht mehr gefragt

Anfangs mußten in Bahnhöfen Weichen und Signale an Ort und Stelle von Hand gestellt, ihre richtige Lage mußte durch Augenschein überprüft werden. Als sich die Anlagen immer weiter ausdehnten, kam es zur Erfindung des Stellwerks, in dem die Hebel mehrerer Weichen und Signale zusammengefaßt waren und von wo aus sich der Stellbereich gut überblicken ließ. Seilzüge übertrugen dabei die Hebelbewegung auf den Stellmechanismus. Größere Bahnhöfe, auf denen von einem Stellwerk aus der gesamte Bereich nicht zu überschauen war, erhielten mehrere Stellwerke, die zur Sicherheit zusätzlich in gegenseitige Abhängigkeit gebracht wurden. Noch heute sind bei der Bundesbahn rund 5900 mechanische Stellwerke vor allem in kleineren Stationen in Betrieb.

Rad und Schiene.

Unten:
Die Spurkränze an den Innenseiten der Räder führen die Achse sicher auf dem Gleis.

H

Nicht mehr lange gilt das alte bayrische Flügelsignal.

Das Umlegen der zahlreichen Hebel erforderte besonders bei dichtem Zugverkehr harte körperliche Anstrengung. Um sie zu mildern, wurden um die Jahrhundertwende die ersten elektro-mechanischen Stellwerke gebaut. Drehknöpfe ersetzten dabei die Stellhebel. Elektrische Weichen- und Signalantriebe ließen sich damit mühelos betätigen. Lediglich die wesentlichen Elemente zur Sicherung gegen fehlerhafte Bedienung gingen auch in dieser Entwicklungsstufe noch nicht über die Mechanik hinaus. Gegenwärtig sind im Bereich der Bundesbahn noch etwa 850 elektro-mechanische Stellwerke vorhanden. Erst Anfang der vierziger Jahre entstanden Pläne für ein rein elektrisch arbeitendes Stellwerk. Doch der Krieg brachte die Entwicklungsarbeit zum Erliegen und verhinderte die Fertigstellung der ersten geplanten Anlagen. Im Oktober 1948 wurde schließlich auf dem Bahnhof Düsseldorf-Derendorf erstmals ein solches Stellwerk dem Betrieb übergeben. Es war das erste Gleisbildstellwerk der Bundesbahn.

Mittlerweile sind mehr als tausend davon in immer weiter verbesserter und dennoch vereinfachter Technik fertiggestellt worden. Die Planungen sehen vor, bis 1984 sämtliche noch vorhandenen Stellwerke alter Technik durch moderne Gleisbildstellwerke zu ersetzen. Dann wird es rund 2200 derartige Stellwerke, teilweise besetzt, teilweise ferngesteuert, geben. Die Steuerung aller Schaltvorgänge im Bereich eines Gleisbildstellwerkes erfolgt elektrisch. Als Schaltelemente sind besondere Signalrelais entwickelt worden, die dem hohen Sicherheitsbedürfnis der Eisenbahn auch im Störungsfall voll gerecht werden. In den Außenanlagen gibt es nur elektrisch angetriebene Weichen und Gleissperren, soweit sie an das Stellwerk angeschlossen sind. Sämtliche Signale arbeiten mit elektrischem Licht.

Eine der grundlegenden Neuerungen beim Gleisbildstellwerk gegenüber früheren Bauformen liegt in der selbsttätigen Gleisfreimeldung. Während der Fahrdienstleiter oder

Mechanisches Stellwerk mit der langen Hebelbank und dem Blockkasten im Hintergrund.

Weichenwärter bislang durch Augenschein überprüfen mußte, ob die für eine Zugfahrt vorgesehene Fahrstraße auch wirklich frei war, übernimmt beim Gleisbildstellwerk die Technik diese Fahrwegprüfung. Damit wird der Bediener unabhängig von den Sichtverhältnissen im Freien. Außerdem können die Wirkungsbereiche eines Stellwerkes, bisher durch die Überschaubarkeit begrenzt, erheblich ausgedehnt werden. Erstmals entstand damit die Möglichkeit, auch in Großstadtbahnhöfen Zentralstellwerke einzurichten und die früher erforderlichen zahlreichen Einzelstellwerke mit ihrem hohen Personalbedarf aufzugeben.
Die Wirkungsweise der automatischen Gleisfreimeldung erscheint denkbar einfach, wenngleich sie in Wirklichkeit umfangreiche technische Einrichtungen erfordert. Dem Sicherungsprinzip der Eisenbahn entsprechend sind auch in den Bahnhöfen Gleise und Weichen in Einzelabschnitte eingeteilt, die jeweils von nur einem Zug befahren werden dürfen. In Bahnhöfen mit Gleisbildstellwerken werden diese Einzelabschnitte elektrisch gegeneinander isoliert, ebenso die beiden Schienen innerhalb eines jeden Abschnittes. Am einen Ende des Abschnittes wird nun eine Spannungsquelle zwischen die beiden Schienen geschaltet; am anderen Ende wird die Spannung abgenommen, über ein Kabel ins Stellwerk geleitet und dort an ein Relais – das sogenannte Gleisrelais – angelegt. Damit ist ein geschlossener Stromkreis hergestellt, das Gleisrelais „zieht an" und bewirkt mit Hilfe seiner Kontakte die Meldung „Gleisabschnitt frei". In dem Moment, da ein Zug, eine Lokomotive, ein Wagen den Abschnitt belegt, überbrücken die Achsen elektrisch beide Schienen, das heißt, der Strom gelangt nicht mehr bis zum Gleisrelais, sondern wird durch die Achsen gewissermaßen kurzgeschlossen. Dadurch fällt das Gleisrelais ab, seine Kontakte melden „Gleisabschnitt belegt".
Eine andere Möglichkeit, den Betriebszustand der Gleisabschnitte selbsttätig festzustellen, bietet die Verwendung von Achszählern. Durch Magnetschienenkontakte wird am Anfang und am Ende eines Abschnittes die Achszahl jedes vorbeifahrenden Zuges ermittelt. Wenn am Ende des Abschnittes ebenso viele Achsen „ausgezählt" werden, wie der Achszähler am Anfang „eingezählt" hat, wenn also die Differenz der beiden Zählergebnisse Null beträgt, wird der Abschnitt als frei gemeldet. Bleibt dagegen eine Differenz, müssen sich noch Fahrzeuge im Abschnitt befinden. Entsprechend lautet die Meldung dann „Abschnitt belegt".
Das Gleisbildstellwerk benützt nun die für jeden Abschnitt vorhandene Information über den Frei- oder Belegtzustand nicht nur zur optischen Anzeige im Bedienungsraum, sondern in erster Linie zur automatischen Herstellung aller Abhängigkeiten, die für die Sicherheit des Zugbetriebes erforderlich sind. So verhindern die elektrischen Schaltungen zum Beispiel die Freigabe eines bereits besetzten Gleisabschnittes für eine andere Zugfahrt, sie verhindern auch die Umstellung von Weichen belegter Abschnitte oder die Fahrtstellung eines Signals vor Einstellung eines entsprechenden Fahrweges. Schließlich ermöglicht die selbsttätige Gleisfreimeldung auch die Automatisierung und damit eine wesentliche Beschleunigung wichtiger Schaltvorgänge. Bei früheren Stellwerktechniken mußte die für einen Zug eingestellte und festgelegte Fahrstraße erhalten bleiben, bis sie der Zug von Anfang bis Ende durchfahren hatte. In der Zwischenzeit blieben alle Weichen der Fahrstraße und außerdem zahlreiche benachbarte „Flankenschutzweichen" verschlossen. Auf den Betriebsablauf wirkte sich dieser, von der Sicherheit diktierte Umstand natürlich äußerst hemmend aus. Die selbsttätige Gleisfreimeldung ermöglicht nun die schrittweise Auflösung der Fahrstraße. Sobald die letzte Achse des vorüberfahrenden Zuges einen Abschnitt verlassen hat, der vielfach aus nur einer einzelnen Weiche besteht, wird durch die Freimeldung die Sperre dieses Abschnittes auf-

Erstes Stellwerk der Bundesbahn, dessen Einrichtungen ein Computer steuert: Wunstorf bei Hannover.

WUNSTORF
Wf

Links oben:
Hoch über den Gleisen und vor der Kulisse von Bayerns Metropole werden Tag und Nacht die Fahrwege der Züge überwacht.

Links unten:
Das Zentralstellwerk im Münchner Hauptbahnhof, eines der größten Deutschlands.

Lichtsignal in einem Bahnhof.

gehoben. Die Weiche ist damit wieder umstellbar und kann sofort für die Herstellung einer anderen Fahrstraße benützt werden. Damit läßt sich nicht nur der Betriebsablauf innerhalb des Bahnhofes wesentlich flüssiger gestalten, auch seine Leistungsfähigkeit steigt ohne jede Erweiterung der Gleisanlagen erheblich.
Die Bedienung des Gleisbildstellwerkes, also die Umstellung der Weichen, die Einstellung von Fahrstraßen, die Steuerung des Rangierbetriebes erfolgt vom „Gleisbildtisch“ aus. Er gibt in symbolischer Darstellung das „Gleisbild“ wieder; dazwischen sind – sinnvoll den einzelnen Weichen und Signalen zugeordnet – kleine Drucktasten zur Bedienung angeordnet. Diese Drucktasten haben dem Gleisbildstellwerk auch die Bezeichnung Drucktasten- oder abgekürzt Dr-Stellwerk verliehen.
Die Oberfläche, aber auch der darunterliegende Teil des Gleisbildtisches setzt sich mosaikartig aus einer Vielzahl einzelner Tischfelder zusammen. Jedes trägt die symbolische Darstellung eines Gleises, einer Weiche, eines Signals oder einer anderen Betriebseinrichtung. Bei einem Umbau oder einer Erweiterung des Bahnhofes können die entsprechenden Tischfelder ausgetauscht, kann das Gleisbild den veränderten Verhältnissen ohne weiteres angepaßt werden.
Der Betriebszustand des gesamten Stellbereiches wird durch farbige Ausleuchtung der Tischfeld-Symbole angezeigt. So kann der Bediener des Stelltisches die Stellung aller Weichen und Signale, die festgelegten Fahrstraßen oder die Belegung einzelner Abschnitte mit einem Blick erkennen. Außerdem bietet ihm die Ausleuchtung des Gleisbildes ständigen Überblick über die Betriebssituation, ohne daß er seinen Blick nach draußen wenden muß. So sind auch bei Nebel und Dunkelheit schnelle Bedienung, sichere Überwachung und zuverlässige Disposition möglich.
Die einzelnen Tischfelder enthalten auch die ihrem Symbol entsprechende Bedienungstaste. Zusätzlich sind — meist am Rand des Stelltisches — besondere Tastenreihen, die „Gruppentasten“, angeordnet. Aus Sicherheitsgründen wird ein Stellkommando nur wirksam, wenn zwei sinngemäß zusammengehörende Tasten gleichzeitig bedient werden. Zur Umstellung einer einzelnen Weiche muß beispielsweise neben der entsprechenden Weichentaste auch die außerhalb des eigentlichen Gleisbildes vorhandene „Weichengruppentaste“ gleichzeitig gedrückt werden. Damit kann zufälliges oder versehentliches Drücken einzelner Tasten nicht zu unerwünschten Einstellungen führen. Andererseits braucht der Mann am Stelltisch keineswegs jede Weiche, die ein Zug auf seinem Weg durch den Bahnhof befahren muß, einzeln nacheinander zu bedienen, um die vorgesehene Fahrstraße einzustellen. Außer bei sehr kleinen Anlagen genügt vielmehr gleichzeitiges Drücken einer „Start-“ und einer „Ziel-Taste“, zum Beispiel der Taste am Einfahrsignal und am Bahnsteiggleis, in das der Zug einfahren soll. Alle an der Bildung der Fahrstraße beteiligten Weichen stellen sich dann selbsttätig in die richtige Lage. Auch das Einfahrsignal sowie alle Zwischensignale entlang der Fahrstraße gehen automatisch auf Fahrt, sobald die richtige Stellung aller Weichen nochmals automatisch überprüft und die Fahrstraße festgelegt ist.
Zunächst läßt sich nun keine der zur Fahrstraße gehörenden und sie flankierenden Weichen mehr umlegen. Erst wenn der Zug Abschnitt für Abschnitt der Fahrstraße wieder geräumt hat, wird die Festlegung abschnittsweise wieder aufgehoben. Nur in besonderen Fällen darf der Fahrdienstleiter eine bereits eingestellte Fahrstraße durch Betätigung entsprechender Tasten vom Stelltisch aus wieder auflösen. Jeder solcher Vorgang wird von einem Zählwerk registriert und muß entsprechend begründet werden. Die Schalteinrichtungen des Stellwerkes entsprechen in ihrem Aufbau dem Schema der Gleisanlagen, dem Spurplan. Die neueste Bauform der Gleisbildstellwerke wird deshalb

Abzweigstelle mit Selbststellbetrieb; nur in besonderen Fällen arbeitet hier ein Fahrdienstleiter. Sonst steuern die Züge Weichen und Signale selbsttätig.

Zentralstellwerk Kempten (Allgäu): die Architektur paßt sich dem Baustil der Landschaft an.

Seite 72/73:
Symbol für Sicherheit: Gleisbildstelltisch.

KEMPTEN (ALLGÄU) HBF
DB
215 004-3

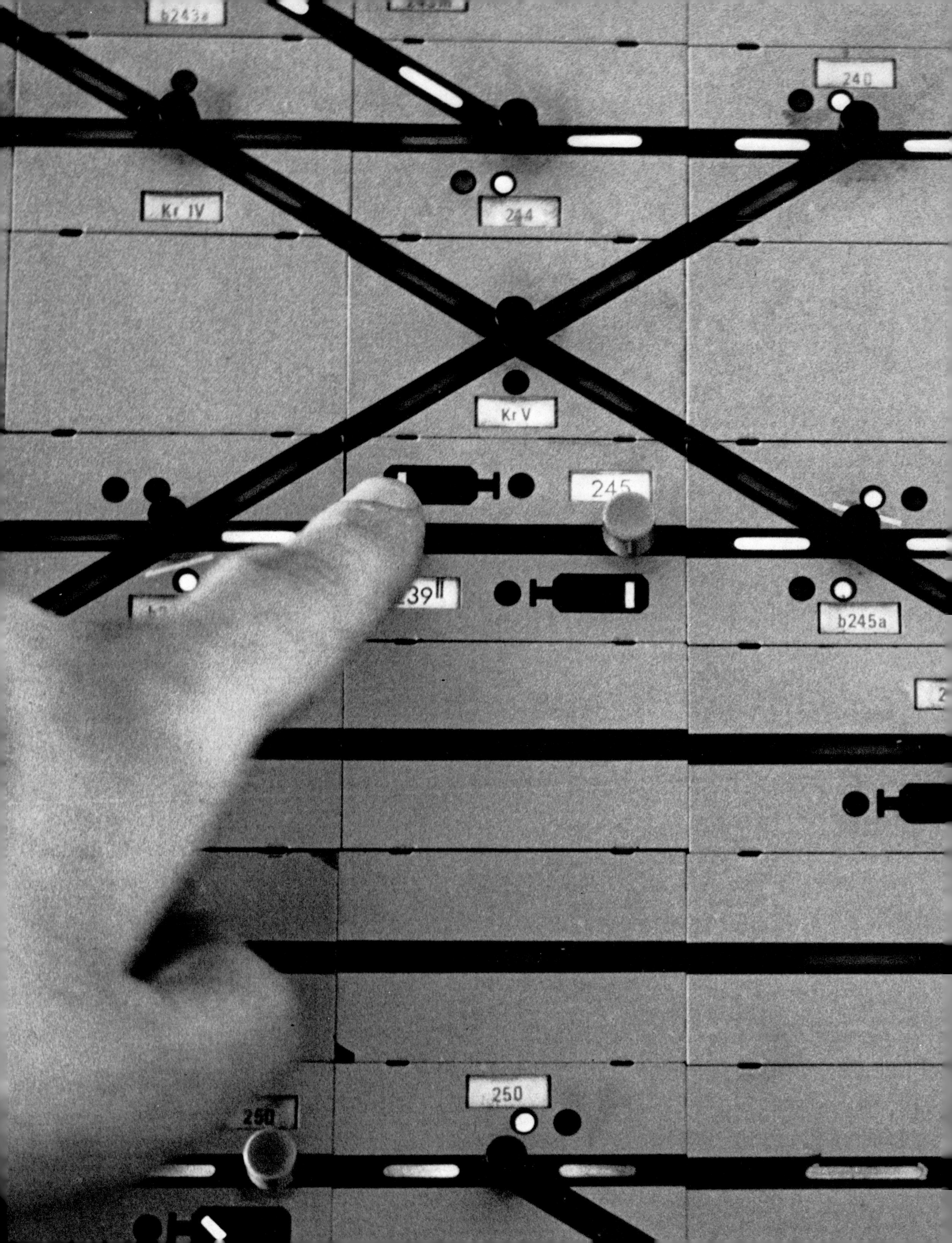

240
Kr IV
244
Kr V
245
b245a
250
250

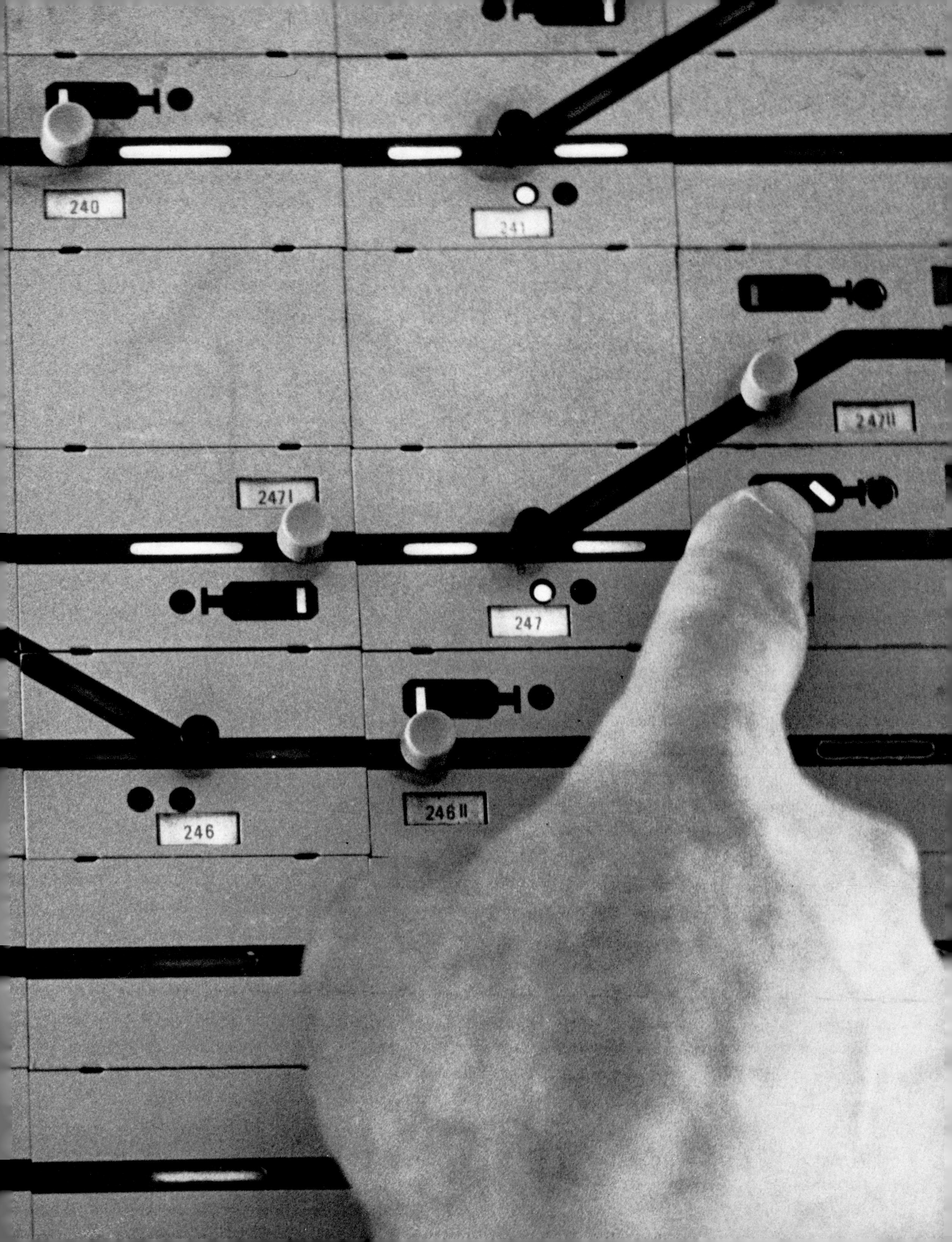
240
241
247II
247I
247
246
246II

auch als „Spurplanstellwerk“ bezeichnet. So gehört etwa zu jeder Weiche eine genormte und als steckbarer Baustein gestaltete „Weichengruppe“. Wie die Gleisverbindungen draußen, so stehen auch die einzelnen Weichengruppen des Spurplanstellwerkes schaltungstechnisch miteinander in Verbindung. Das gleiche gilt für die Signale, Gleissperren und alle anderen Betriebseinrichtungen. Diese Bauform gestattet durch Vereinheitlichung der Baugruppen die Herstellung großer Serien im Werk. Außerdem lassen sich die auf Grund der Besonderheiten jedes Bahnhofes nötigen individuellen Schaltungen und Verdrahtungen auf ein Minimum reduzieren. Störungen können in der Regel durch Austausch der defekten Relaisgruppe im Handumdrehen behoben werden.
Statt der früher üblichen „Formsignale“ mit Signalflügeln oder Signalscheiben werden an Gleisbildstellwerke ausschließlich Lichtsignale angeschlossen. Ihre Signalbilder entsprechen bei der Bundesbahn jedoch weitgehend den Lichtzeichen, die nachts schon bei den Formsignalen verwendet wurden. Ein grünes Licht bedeutet „Fahrt“, ein rotes Licht „Zughalt“, ein grünes über einem gelben Licht „Langsamfahrt“, in der Regel 40 Stundenkilometer. Zwei rote Lichter waagerecht nebeneinander zeigen „Zughalt und Rangierverbot“ an, zwei weiße Lichter nach rechts steigend „Fahrverbot aufgehoben“. Um den Lokomotivführer rechtzeitig über die Stellung der Signale zu informieren, gehört zu jedem Hauptsignal ein etwa tausend Meter vorher aufgestelltes Vorsignal. Dabei bedeuten, jeweils schräg übereinander und nach rechts steigend, zwei gelbe Lichter „Zughalt erwarten“, zwei grüne Lichter „Fahrt erwarten“ und ein grünes schräg rechts über einem gelben Licht „Langsamfahrt erwarten“.
Besondere Glühlampen mit zwei getrennten Wendeln verhindern, daß beim Durchbrennen eines Lampenfadens das Signallicht verlischt. Automatisch schaltet sich dann der Nebenfaden ein. Gleichzeitig wird jedoch auf dem Stelltisch ein entsprechendes Störungszeichen gegeben, so daß der Schaden sofort erkannt und die Lampe ausgetauscht werden kann. In vielen Fällen ist ein weiteres Rotlicht in die Signalschirme eingebaut, das sich selbsttätig einschaltet, wenn auch die Doppelfadenlampe ausfallen sollte.
Große Bedeutung kommt in jedem Gleisbildstellwerk der Stromversorgung zu. Normalerweise arbeiten die Signalanlagen bei der Bundesbahn mit elektrischer Energie aus den öffentlichen Stromnetzen. Bei Stromausfall muß jedoch eine Ersatzstromquelle innerhalb weniger Augenblicke einsatzbereit sein, weil alle „Fahrt“ zeigenden Signale aus Gründen der Betriebssicherheit auf „Halt“ zurückfallen, wenn die Spannung mehr als zwei Sekunden ausbleibt. So verfügt jedes Gleisbildstellwerk über umfangreiche Notstromeinrichtungen, die sofort betriebsbereit sind, wenn das öffentliche Netz ausfällt oder die von dort bezogene Spannung unter gewisse Toleranzgrenzen absinkt.
Für die Sofortreserve sind Batterieanlagen vorgesehen, die über Gleichstrom-Drehstrom-Umformer den Strom für alle Anlagen und Einrichtungen des Stellwerkes liefern. Große Stellwerke erhalten darüber hinaus ein ortsfestes, im Stellwerksgebäude eingebautes Notstromaggregat, das von einem Dieselmotor angetrieben wird und die Stromversorgung der Signalanlagen auch bei längerem Netzausfall übernehmen kann. In kleineren Stellwerken wird die Kapazität der Batterieanlage höher bemessen und bei länger anhaltenden Störungen ein fahrbares Notstromaggregat herangeschafft.
Die Gleisbildstellwerke bieten das denkbare Höchstmaß an Sicherheit für den Eisenbahnbetrieb und steigern darüber hinaus auch die Leistungsfähigkeit der Bahnhofs- und die Wirtschaftlichkeit der Sicherungsanlagen. So ersetzte beispielsweise das Zentralstellwerk im Münchner Hauptbahnhof siebzehn alte Stellwerke und benötigt rund hundert Mann Bedienungspersonal weniger.

Relaisraum eines großen Spurplanstellwerkes.

341
359

Überschreiten
der Gleise
für Unbefugte
verboten

Aufgabe: blockieren

Ausfahrt in die Nacht.

Der Name „Streckenblock" kommt aus dem Englischen: to block heißt sperren, „blockieren". Aufgabe des Streckenblockes ist, das Fahrtsignal in einen Streckenabschnitt erst dann freizugeben, wenn ihn der vorausgefahrene Zug verlassen hat und zu seiner Rückendeckung das folgende Hauptsignal auf „Halt" gestellt ist. Die Abschnitte der freien Strecke werden vielfach durch die benachbarten Bahnhöfe begrenzt, doch unterteilen bei besonders großen Entfernungen von Bahnhof zu Bahnhof zusätzliche „Blockstellen" die Strecke, damit die Züge in dichterer Folge verkehren können. Früher wurde der Streckenblock mit Ausnahme bei den S-Bahnen ausschließlich handbedient. Die Blockstellen waren zum Teil mit Haltestellen an der Strecke verbunden, vielfach standen sie aber weitab von der nächsten Siedlung, oft an idyllischen Stellen, im Wald, im Moor, auf der Heide. Die Blockwärter, die hier ihren Dienst versahen, hatten nichts anderes zu tun, als durch Betätigung der Blockfelder und Drehen eines Kurbelinduktors wechselseitig die eigenen und die Signalhebel der angrenzenden Blockstellen

Schon selten bei der Bundesbahn: eine der immer weniger werdenden handbedienten Blockstellen.

oder Bahnhöfe zu „blockieren“ und für jeden Zug das Blocksignal auf „Fahrt“ zu stellen. Heute ist eine große Zahl dieser handbedienten Blockstellen verschwunden und durch den automatischen Streckenblock, kurz auch „Selbstblock“ genannt, ersetzt. Die ursprüngliche Bauform arbeitet mit einer Art „grünen Welle“. Die Selbstblocksignale einer Strecke zeigen – im Gegensatz zu den Bahnhofsignalen – in ihrer Grundstellung grünes Licht, also „Fahrt“. Sobald ein Zug in den anschließenden Abschnitt einfährt, geht das Blocksignal auf „Halt“. Hat der Zug den Abschnitt geräumt und das nächste Blocksignal auf „Halt“ gestellt, kehrt das vorherstehende bereits wieder auf „Fahrt“ zurück. Zur Freimeldung der Abschnitte dienen, wie bei den Gleisbildstellwerken der Bahnhöfe, Gleisstromkreise oder Achszähler. Als neueste Bauform wurde der „Zentralblock“ eingeführt, bei dem die Schalteinrichtungen nicht mehr in Betonhäuschen oder Schaltkästen an der Strecke, sondern in benachbarten Gleisbildstellwerken untergebracht sind. Die Grundstellung der Selbstblocksignale neuerer Bauformen ist die „Halt“-Stellung; erst bei Annäherung des Zuges geht das Selbstblocksignal automatisch auf „Fahrt“, sofern der folgende Abschnitt nicht belegt ist.

Selbstblocksignal auf freier Strecke mit Betonschalthaus in Fertigbauweise.

Hundert Kilometer ferngesteuert

Das erste Fernsteuerstellwerk, das die Bedienung aller Weichen und Signale einer ganzen Strecke von einer zentralen Stelle aus erlaubt, wurde 1927 in den USA für die 51 Kilometer lange Strecke Toledo–Berwick gebaut. In Europa beschritt Frankreich 1933 erstmals einen ähnlichen Weg auf der Strecke Paris–Le Havre. Ende der vierziger Jahre lag es auch für die Deutsche Bundesbahn nahe, Erfahrungen mit Fernsteuerung zu sammeln, die sich im Zusammenhang mit der neuen, vollelektrisch arbeitenden Signaltechnik anbot. Ausgewählt wurde die zwischen 1947 und 1950 auf elektrischen Zugbetrieb umgestellte zweigleisige Hauptbahn Regensburg–Nürnberg.

Die Fernsteuerzentrale für die gesamte Strecke wurde in Nürnberg eingerichtet, alle Bahnhöfe des Fernsteuerbereiches erhielten Gleisbildstellwerke, Selbstblock löste die handbedienten Blockstellen der freien Strecke ab. Während die kleineren Bahnhöfe ferngesteuert und nur für umfangreichere Rangier- oder Bauarbeiten auf Ortsbetrieb umgestellt werden, mußte auf den größeren Bahnhöfen wegen des Umfanges der Rangierfahrten ein örtlicher Fahrdienstleiter bleiben. Im übrigen können alle Bahnhöfe auf Durchgangsbetrieb geschaltet werden, wobei dann die Ein- und Ausfahrsignale der durchgehenden Hauptgleise ähnlich wie beim Selbstblock arbeiten.

Auf der Streckenstelltafel in Nürnberg erscheinen gleichzeitig bis zu 7000 verschiedene Meldungen in Form farbiger Ausleuchtung des Streckenbildes. Dem Fahrdienstleiter bietet sich damit ständiger Überblick über die Betriebslage auf der Strecke. Über die Fernsteuerung kann er insgesamt rund tausend Stellkommandos geben.

Eine ähnliche Fernsteueranlage, allerdings nach dem neuesten Stand der Technik, hat in den letzten Jahren die Vogelfluglinie zwischen Bad Schwartau bei Lübeck und dem Fährbahnhof Puttgarden auf der Ostseeinsel Fehmarn erhalten. Diese rund 80 Kilometer lange eingleisige Bahn ist bei nur schwachem örtlichen Verkehr stark mit internationalen Reise- und Güterzügen belegt. Die Fernsteuerung bot sich deshalb an, um auf den Zwischenbahnhöfen der Strecke Personal nur noch in dem Umfang einsetzen zu müssen, den der geringe Regionalverkehr erfordert.

Ähnlich wie in Nürnberg ist auch die rund acht Meter lange Fernsteuerstelltafel in Puttgarden ausgeführt. Die Ausleuchtung des Streckenbildes gibt den Betriebszustand der Strecken- und Bahnhofsabschnitte sowie den Standort aller Züge an. Die Stellvorgänge können hier mit Hilfe von Zehnertastaturen durch Codeziffern angesteuert werden.

Für jeden Bahnhof lassen sich bis zu drei Kommandos im voraus speichern. Sie werden dann selbsttätig ausgeführt, sobald die sicherungstechnischen Voraussetzungen, etwa Einfahrt eines Gegenzuges vorliegen. Die zahlreichen Bahnübergänge der Strecke sind fast durchweg mit zuggesteuerten Blinklichtanlagen ausgerüstet, die teilweise durch Halbschranken zusätzlich gesichert werden. Wegen der klimatischen Verhältnisse im Winter haben die Weichen auch fernsteuerbare Heizeinrichtungen erhalten.

Wichtiges Element der Fernsteuerung ist die automatische Zugnummernmeldung. Im Abgangsbahnhof eingewählt und über die selbsttätige Gleisfreimeldung weitergeschaltet, erscheint die Zugnummer auf der Stelltafel oder dem Gleisbildtisch jeweils in dem Abschnitt, in dem sich der Zug gerade befindet. Damit läßt sich nicht nur die Streckenbelegung erkennen, sondern auch ablesen, um welche Züge es sich im einzelnen handelt. Ein der Zugnummer vorgeschaltetes Richtungskennzeichen kann zur selbsttätigen Zuglenkung auf Abzweigstellen benützt werden. Bei Annäherung eines Zuges stellen sich dem Kennzeichen entsprechend die Weichen automatisch in die gewünschte Richtung.

Fernsteuerstelltafel
für die Strecke
Regensburg—Nürnberg.

Fernsteuerzentrale für die
Vogelfluglinie in Puttgarden.

Auf der Kybernetischen Insel

Bei der Eisenbahn der Zukunft soll die Fernsteuerung in großem Umfang neben der Automatik zur Wirkung kommen. Allerdings soll dabei nicht mehr der Mensch die Kommandos geben, sondern ein Computer, der mit allen festen Einflußgrößen programmiert ist und dem der wirkliche Betriebszustand auf den Strecken durch entsprechende Meldungen laufend mitgeteilt wird. Daraus kann er optimale Entscheidungen treffen und entweder die nötigen Stellvorgänge in Weichen und Fahrstraßen selbst einleiten oder dem Bedienungspersonal entsprechende Arbeitshilfe leisten.

In Hannover hat die Bundesbahn auf der sogenannten Kybernetischen Insel neben der Computersteuerung von Teilen eines Rangierbahnhofes und von Aufgaben des kommerziellen Dienstes auch eine Art Streckenfernsteuerung durch elektronische Rechenanlagen im Versuchsbetrieb. Auf den Strecken von Hannover nach Bremen und nach Minden übernimmt ein Prozeßrechner die sichere Führung der Züge. Über Fernschreiber gibt er an die noch mit Personal besetzten Bahnhöfe dem Programm und dem wirklichen Zuglauf entsprechend alle Fahrstraßenstellaufträge. Ihre Ausführung wird zum Teil durch den Fahrdienstleiter ebenfalls über Fernschreiber zurückgemeldet, bei einer Reihe von Bahnhöfen erfolgt diese Vollzugsmeldung selbsttätig durch rhythmische Abfrage der entsprechenden Daten.

Einige Gleisbildstellwerke unbesetzter Bahnhöfe der beiden Strecken werden durch den Prozeßrechner vollkommen ferngesteuert. Dabei vermag der Computer alle Zug- und Rangierbewegungen selbst bei Unregelmäßigkeiten mit absoluter Sicherheit zu dirigieren. Zu den Versuchszielen gehört auch die Fernsteuerung des Bahnhofes Wunstorf, in dem sich die Strecken von Hannover nach Bremen und nach Minden trennen. Dabei sollen Zug- und Rangierbewegungen mit der in der Signaltechnik geforderten hohen Sicherheit durch den Rechner gesteuert werden.

Steuerrechner für die „Kybernetische Insel“ in Hannover.

„Indusi wachsam!"

Der schrille Ton einer Hupe zerreißt die Monotonie des Fahrgeräusches auf dem Führerstand der Lokomotive. Eine gelbe Meldelampe leuchtet auf. Die rechte Hand des Lokführers greift zum Bremsventil, während die andere eine Taste mit dickem Kopf in ihre Normalstellung zurückfedern läßt. „Indusi wachsam" steht als Beschriftung darunter. Der Schnellzug rollt mit 140 Kilometer je Stunde Geschwindigkeit auf ein Haltsignal zu. Rund tausend Meter bleiben dem Lokführer noch, um ihn zum Stehen zu bringen; denn etwa in dieser Entfernung vor dem Hauptsignal zeigt das Vorsignal „Halt erwarten" an. Doch was geschieht, wenn der Lokomotivführer – auch nur ein Mensch – den Haltbefehl ignoriert, nicht richtig erkennt, übersieht? Nur vier Sekunden lang würde der Zug mit seiner vollen Geschwindigkeit weiter dahinjagen, dann würden sich, wie von Geisterhand gezogen, die Bremsen mit voller Kraft anlegen, und ein paar hundert Meter weiter, ein gutes Stück noch vor dem Signal, würde der Zug stehenbleiben.
Jene Geisterhand, die nach der Bremse greift, wenn der Lokomotivführer es nicht tut, obwohl die Signale es ihm gebieten, heißt „Indusi" ‚Induktive Zugsicherung'. Vor Halt- und Langsamfahrtsignalen überwacht sie die Fahrweise des Lokomotivführers.
Am Vorsignal muß er durch Betätigung jener „Wachsamkeitstaste" sozusagen den „richtigen Empfang" des Signalkommandos quittieren. Die gelbe Meldelampe, die daraufhin zu leuchten beginnt, steht mit einer Art Schaltuhr in Verbindung. Nach genau zwanzig Sekunden löst sie eine Geschwindigkeitsprüfung aus; bis dahin muß der Lokführer seinen Zug unter 95 km/h abgebremst haben. Liegt die Geschwindigkeit noch darüber, löst die Indusi auch in diesem Fall sofort eine Zwangsbremsung aus.
Eine weitere Geschwindigkeitskontrolle erfolgt, wenn die örtlichen Verhältnisse es nötig erscheinen lassen, etwa 200 Meter vor dem Signal. Hier muß die Geschwindigkeit unter 65 km/h vermindert sein, sonst tritt auch hier Zwangsbremsung ein. Ebenso, wenn der bis dahin vorschriftsmäßig gefahrene Zug doch am Haltsignal vorüberrollen würde.
Die Konstrukteure, die bereits vor einigen Jahrzehnten die Indusi entwickelt haben, fanden für die gestellte Aufgabe eine geradezu geniale Lösung. Sie mußten davon ausgehen, daß bei der Beeinflussung keinerlei unmittelbare Berührung von ortsfesten und an der fahrenden Lokomotive befestigten Teilen erfolgen darf und außerdem die ortsfesten Teile des Systems ohne eigenen Energiebedarf arbeiten müssen, weil die Verlegung von Stromanschlüssen zu den häufig auf freier Strecke stehenden Signalen viel zu kostspielig gewesen wäre.
Die Indusi erfüllt beide Forderungen. Die Beeinflussung geschieht mit Hilfe elektromagnetischer Schwingungen, und eine Energiezufuhr ist nur für die Lokomotiveinrichtungen nötig. Sie erzeugen den erforderlichen elektrischen Strom dreier verschiedener Frequenzen, die von einem seitlich unter der Lokomotive angebrachten Fahrzeugmagneten ständig abgestrahlt werden. Auf der Strecke liegen überall dort, wo Beeinflussungen erfolgen sollen, ähnliche Magnete, die entsprechend ihren unterschiedlichen Beeinflussungsaufgaben auf eine der drei Frequenzen abgestimmt sind. Sobald Fahrzeug- und Gleismagnet einander überdecken, führt der Gleismagnet über einen Luftspalt von zehn bis zwanzig Zentimetern einen Energieaustausch mit dem Fahrzeugmagneten herbei, wodurch auf der Lokomotive im Stromkreis der betreffenden Frequenz eine so starke Stromschwächung eintritt, daß empfindliche Schaltelemente ansprechen. Zeigt das Signal „Fahrt", so schließt ein Kontakt den Gleismagneten kurz und schaltet ihn damit unwirksam. Rund 18 000 Kilometer Strecken sowie 7000 Lokomotiven und Triebwagen sind bereits mit Indusi ausgerüstet.

Tasten für die Bedienung der Induktiven Zugsicherung im Führerstand einer Ellok.

Gleis- und Fahrzeugmagnet der Induktiven Zugsicherung.

Indusi
Wachsam

„Sifa" mit Uhr oder Metermaß

Um die letzte Sicherheitslücke zu schließen, hat die Indusi noch eine Schwester erhalten: die „Sifa", abgekürzt für Sicherheitsfahrschaltung. Sie bringt den Zug automatisch zum Stehen, wenn dem Lokomotivführer auf der Fahrt etwas zustoßen sollte.
Zu diesem Zweck muß er, sobald sich die Lokomotive in Bewegung setzt, ununterbrochen eine Taste oder einen Fußkontakt niederdrücken, mindestens alle fünfzig Sekunden jedoch auch einmal einen Augenblick loslassen. Damit dokumentiert der Lokführer seine Dienstbereitschaft. Wird der „Totmannknopf" dauernd niedergedrückt gehalten oder längere Zeit losgelassen, so „fühlt" die Sifa Gefahr im Verzug, läßt nach etwa zweieinhalb Sekunden zunächst eine Hupe ertönen und löst – wenn die vorschriftsmäßige Bedienung nicht wieder einsetzt – kurz darauf Zwangsbremsung aus.
Die ältere Sifa-Form arbeitete mit Wegmessung. Die Hupe ertönte 75 Meter nach Anschaltung der Sifa, die Bremsung trat nach 150 Metern ein. Dieses Verfahren hat den Nachteil, daß Hupe und Bremse bei langsamer Fahrt viel später ansprechen als bei hohen Geschwindigkeiten. Bei 200 km/h legt ein Zug mehr als 55 Meter in einer Sekunde zurück. Mit der wegabhängigen Sifa würde also schon nach 1,35 Sekunden die Hupe ertönen und nach insgesamt nur 2,7 Sekunden Zwangsbremsung eintreten.
Deshalb sehen die neueren, auch international eingeführten Sifa-Bauformen statt der Weg- eine Zeitmessung vor. Die Hupe ertönt nach 2,5 Sekunden, die Bremsung tritt bei Fahrzeugen mit mehr als 100 km/h weitere 2,5 Sekunden später ein, während langsamere erst 4,5 Sekunden nach Ertönen der Hupe angehalten werden. In beiden Fällen überwacht ein Zeitglied, daß der Sifakontakt einmal alle 50 Sekunden kurzzeitig losgelassen wird. So ergeben sich auch die geheimnisvollen Fachausdrücke von der „Zeit-Weg-" und der „Zeit-Zeit-Sifa". Ein besonderer Druckwächter in der Hauptbremsleitung schaltet bei der Zwangsbremsung auch die Fahrmotoren ab, ebenso bei Notbremsung im Zug, bei Zwangsbremsung durch die Indusi oder beim Abreißen eines Zugteiles.

„Totmannknopf" der Sicherheitsfahrschaltung.

Schnellste Züge – höchste Sicherheit

Die zuverlässige Erkennbarkeit ortsfester Signale erreicht bei 160 km/h ihre Grenze. Bei höherem Tempo lassen sich die Signalbegriffe, besonders unter schlechten Sichtverhältnissen, kaum noch mit der nötigen Sicherheit aufnehmen. Außerdem müßte die anstrengende, ständig aufs höchste gespannte Aufmerksamkeit den Lokomotivführer auf die Dauer überfordern. Hinzu kommt, daß die mit etwa tausend Meter bemessenen Abstände zwischen Vor- und Hauptsignal bei Geschwindigkeiten über 160 km/h nicht mehr ausreichen, um einen Zug bis zum Stillstand abzubremsen.
Für ihre Schnellfahrstrecken hat die Bundesbahn deshalb ein völlig neues Signalsystem eingeführt, die Linienzugbeeinflussung. Sie ermöglicht entlang der gesamten Strecke eine Signalübertragung auf den Führerstand. Ein zusätzliches, nur auf den schnellen Lokomotiven eingebautes Anzeigegerät berücksichtigt dabei alle Erfordernisse des Schnellverkehrs, während für den gewöhnlichen Zugverkehr mit geringeren Geschwindigkeiten die üblichen ortsfesten Signale unverändert beibehalten werden können. Die Linienzugbeeinflussung stützt sich jedoch in ihrer Wirkungsweise ebenfalls auf die vorhandenen Signale. Über besondere Kabelverbindungen erhalten zentrale Steuerstellen, die etwa alle zwölf Kilometer meist in einem Stellwerk oder Bahnhofsgebäude untergebracht sind, die Stellung der Signale ihres Wirkungsbereiches übermittelt. Auch die mit Linienzugbeeinflussung ausgerüsteten Lokomotiven senden Informationen an

Linienleiter mit einer Kreuzungsstelle.

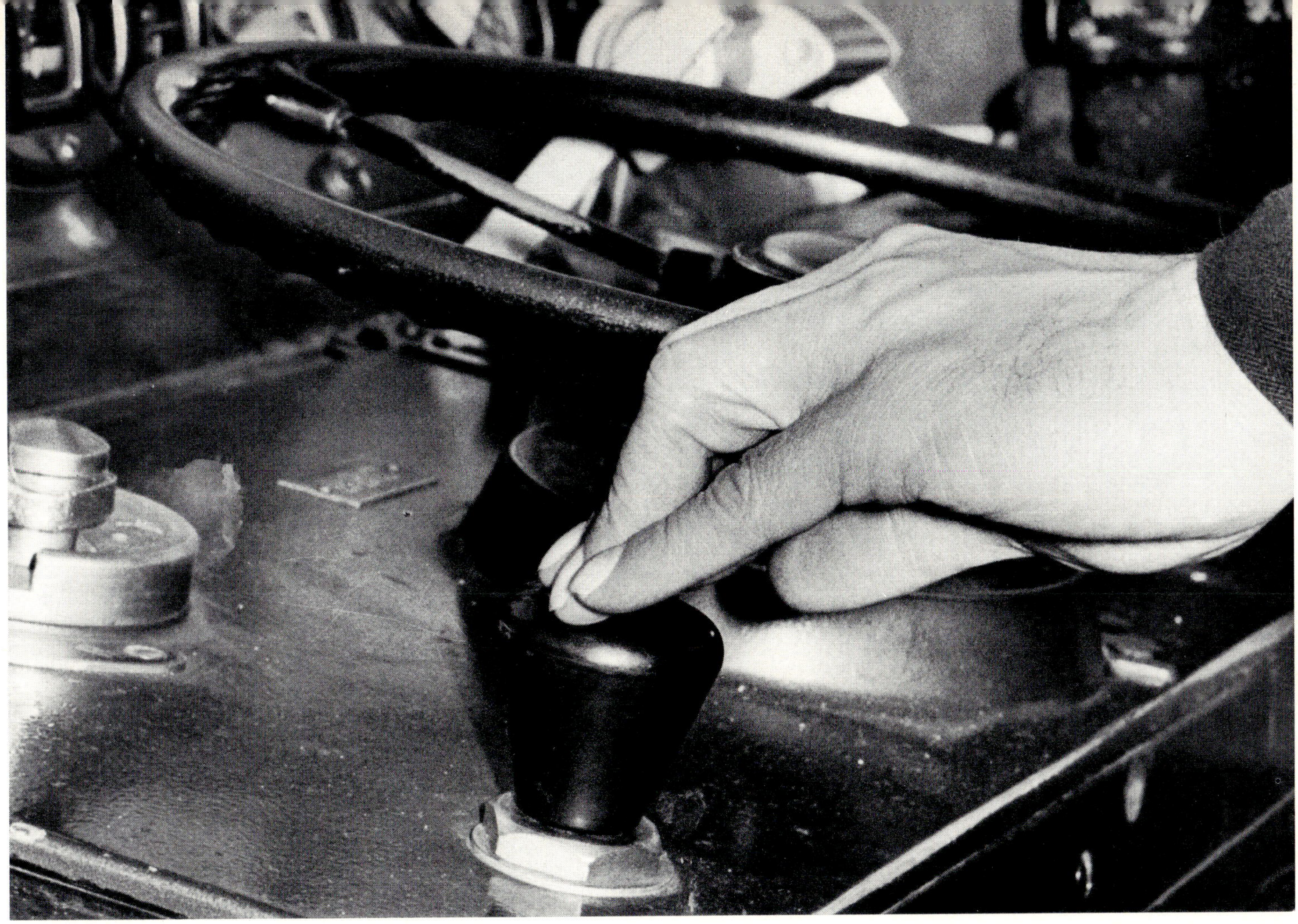

Programmierungsfeld einer Steuerstelle der Linienzugbeeinflussung.

Rechts:
Im Cockpit einer der schnellsten deutschen Lokomotiven bei Tempo 200.

die Zentrale. Damit kann dort elektronisch in jedem Augenblick errechnet werden, wie weit die Lokomotive noch von einem Punkt entfernt ist, an dem die Geschwindigkeit – etwa wegen einer Langsamfahrstelle, einem Langsamfahr- oder Haltsignal – vermindert werden muß. Diese „Zielentfernung“ wird bis zu fünf Kilometer voraus auf dem Führerstand angezeigt. Außerdem errechnet ein kleiner Computer auf der Lokomotive die im Moment zulässige Geschwindigkeit. Diese „Sollgeschwindigkeit“ wird neben der tatsächlich gefahrenen „Istgeschwindigkeit“ und der Zielentfernung auf dem Anzeigegerät im Führerstand bandförmig angegeben. Drei Leuchtziffern zeigen auch die „Zielgeschwindigkeit“ an, auf die sich der Lokführer in der Zielentfernung einzustellen hat.
Der für diese Führerstandanzeigen nötige Datenaustausch zwischen Lokomotive und Zentrale erfolgt über Linienleiter, eine zwölf Millimeter starke, einadrige Leitung, die schleifenförmig und alle hundert Meter gekreuzt innerhalb des Gleises ausgelegt ist. Die einzelnen Linienleiterabschnitte sind meist zwölf Kilometer lang. Etwa in der Mitte steht die Steuerzentrale. Der Linienleiter wirkt als langgestreckte „Antenne“. Die Zentrale sendet mit rund 30 Kilohertz, die Lokomotive mit 56 Kilohertz. Die entstehenden elektromagnetischen Wechselfelder führen die Übertragung der Datenimpulse vom Linienleiter zu den Empfangsspulen unter der Lokomotive und umgekehrt herbei.
Von der Zentrale werden vor allem die Zielentfernung und die Zielgeschwindigkeit auf die Lokomotive übertragen, während die Sollgeschwindigkeit dort errechnet wird. Umgekehrt sendet die Lokomotive ständig Fahrortmeldungen, auf hundert Meter genau, zur Zentrale. Die Wegmessung dafür erfolgt sowohl durch Zählung der Radumdrehungen als auch durch vom Linienleiter ausgehende Wegmarken, die sich durch die Kreuzungsstellen alle hundert Meter ergeben.
Das Übertragungssystem der Linienzugbeeinflussung ist äußerst leistungsfähig. So werden noch zahlreiche weitere Einzelanzeigen übertragen. Außerdem ist es möglich, über den Linienleiter Telefongespräche zu führen, bei entsprechender Schaltung auch in das öffentliche Fernsprechnetz.
Auf der Fahrt mit höchsten Geschwindigkeiten, zur Zeit zwischen 160 und 200 km/h, ermöglicht die Linienzugbeeinflussung dem Lokomotivführer, bis zu fünf Kilometer „vorauszuschauen“ und damit frühzeitig genug Langsamfahr- oder Haltsignale zu erkennen. Würde er die Geschwindigkeit des Zuges dabei nicht unter die angezeigte Sollgeschwindigkeit vermindern, so würde die Abbremsung automatisch erfolgen.

Seite 88/89:
Nächtlicher Bahnübergang mit Blinklichtanlage und Halbschranken.

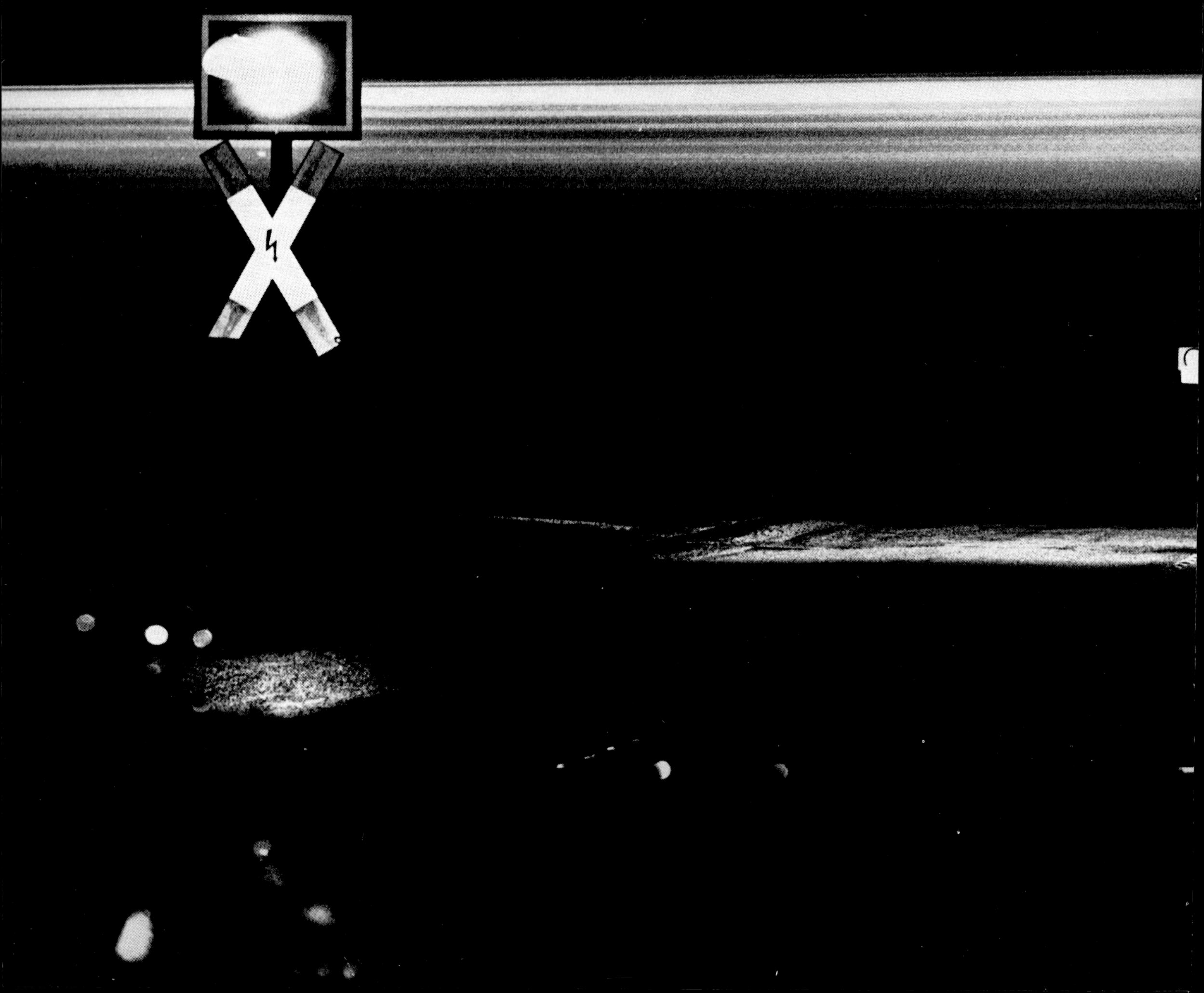

Am besten ist's, wenn's drunter und drüber geht

Ein besonderes Kapitel in der Signal- und Sicherungstechnik der Eisenbahn bilden die Bahnübergänge. Mehr als 33 000 davon sind allein an Bundesbahnstrecken gewissermaßen aus der Postkutschenzeit bis auf den heutigen Tag erhalten geblieben. Obwohl sich die Sicherungseinrichtungen an den Bahnübergängen hauptsächlich an die Autofahrer und die übrigen Straßenbenützer wenden, obliegt ihre Entwicklung, Bedienung und Instandhaltung der Eisenbahn.

So kommt es, daß die Bundesbahn dieses „Erbe" nicht weniger verwünscht als die Millionen von Verkehrsteilnehmern, die Tag für Tag vor geschlossenen Schranken und roten Blinklichtern warten müssen. Am besten wäre zweifellos, wenn es überall nur noch „drunter und drüber" ginge für die Autofahrer – wenn sie jede Bahnlinie durch Unter- oder auf Überführungen kreuzen könnten. Doch selbst die Beseitigung der über 10 000 Bahnübergänge mit allgemeinem Kraftfahrzeugverkehr würde schätzungsweise zehn Milliarden Mark und einen Zeitraum von zwanzig Jahren erfordern. Dabei scheint ein Vorschlag der Bundesbahn, das Geld dafür ähnlich vorrangig wie für den Fernstraßenbau bereitzustellen, bei der zuständigen Bundesregierung noch wenig Aussicht auf Erfolg zu haben.

So wird die Bundesbahn sich auch in Zukunft der Aufgabe zuwenden müssen, die Sicherheit der Bahnübergänge durch technische Hilfsmittel so weit wie möglich zu erhöhen. Gleichzeitig wird sie weiterhin rund 300 Millionen Mark jährlich für die Bedienung und Instandhaltung dieser Anlagen aufwenden müssen, während zur eigentlichen Erhöhung der Sicherheit der vergleichsweise bescheidene Betrag von „nur" siebzig bis achtzig Millionen zur Verfügung steht.

Die Art der Bahnübergangssicherung wird durch die Eisenbahn-Bau- und Betriebsordnung vorgeschrieben. Sie bestimmt auch: „Auf Bahnübergängen hat der Eisenbahnverkehr Vorrang vor dem Straßenverkehr". Durch die Warnkreuze, amtlich „Andreaskreuze" genannt, wird dieser Vorrang zum Ausdruck gebracht.

Auf Hauptbahnen müssen Bahnübergänge im allgemeinen durch Blinklichter, durch Blinklichter mit Halbschranken oder durch Schranken technisch gesichert werden. Vor allem auf Nebenbahnen genügt die Übersicht auf die Bahnstrecke, zu der an Straßen mit mäßigem Verkehr noch akustische Signale der Eisenbahnfahrzeuge hinzukommen müssen.

Die Schranken an Bahnübergängen mit starkem Straßenverkehr müssen vom Schrankenwärter überblickt werden können. Neuerdings dürfen die Schranken trotzdem von einer entfernten Bedienungsstelle aus gesteuert werden, wenn der vorgeschriebene Überblick durch Fernsehanlagen vermittelt wird. Bei der Bundesbahn sind bereits mehrere derart ausgerüstete Übergänge in Betrieb.

Blinklichtanlagen mit und ohne Halbschranken werden vom Zug automatisch bei Annäherung an den Bahnübergang ein- und dahinter wieder ausgeschaltet. Das rote Blinklicht bedeutet dabei ein absolutes Haltgebot, auch wenn der Zug scheinbar noch weiter entfernt ist. Auf stärker befahrenen Straßen sorgen Halbschranken für zusätzliche Sicherheit. Sie senken sich erst, nachdem das rote Blinklicht bereits einige Zeit eingeschaltet ist. Außerdem reichen sie jeweils nur über die rechte Straßenseite vor dem Gleis, so daß Fahrzeuge, die sich bereits auf dem Übergang befinden, unbehindert weiterfahren und die Gleise verlassen können.

An unbedeutenden Feldwegen bleiben die Schranken vielfach ständig geschlossen. An diesen „Anrufschranken" ist dann eine Sprechanlage zum Schrankenwärter eingerich-

Moderne Straßenunterführung unter dem Bahnhof München-Milbertshofen.

Fernsehkamera am Bahnübergang beim Bahnhof Wixhausen (Hessen).

Auf den zugehörigen Sichtgeräten kann der Fahrdienstleiter den Übergang und den Straßenverkehr selbst bei Nacht deutlich übersehen.

tet, mit der ein Wegbenützer um Freigabe des Überganges bitten kann. Wenn kein Zug kommt, öffnet der Wärter die Schranken. Er kann auch seinerseits mit dem Wegbenützer sprechen und ihn etwa um Geduld bitten, wenn in Kürze ein Zug zu erwarten ist.

Um zu verhindern, daß Schranken durch Versagen des Wärters offen bleiben oder geöffnet werden, obwohl sich ein Zug nähert, sind zahlreiche Sicherungseinrichtungen für Schrankenposten entwickelt und eingebaut worden. In den nächsten Jahren sollen sämtliche Schranken in Abhängigkeit zu den Eisenbahnsignalen gebracht werden. Die Züge können damit ein Fahrtsignal erst dann erhalten, wenn die im folgenden Streckenabschnitt liegenden Schranken geschlossen sind.

Trotz allen technischen Sicherungen schützt vor den Gefahren am Bahnübergang am zuverlässigsten ein aufmerksamer Blick nach links und rechts, wie er an jeder Straßenkreuzung selbstverständlich ist.

Ersatz für zerbrochene Schrankenbäume: vier Stück täglich.

Rotes Blinklicht, absolutes „Halt!“

S5

Bahnbau – auch heute und morgen

Der Bau von Eisenbahnen scheint im Bewußtsein der Allgemeinheit ausschließlich der Vergangenheit zugeordnet zu werden. Die Theorien von der „Gesundschrumpfung" und die Diskussionen über die Stillegung von Bahnlinien mögen sich darin offenbaren. Hinzu kommt, daß bei den Verkehrsausgaben des Staates hohe Milliardenbeträge für den Straßenbau im Vordergrund stehen, während die Bauvorhaben der Eisenbahn auf ganz anderem Wege finanziert werden müssen. Daß es eigentlich längst Zeit wäre, diesen Zustand aufgrund der Erkenntnisse über eine volkswirtschaftlich sinnvolle Aufgabenteilung der Verkehrsträger gründlich zu ändern, steht auf einem anderen Blatt. So mag es vielleicht verwunderlich erscheinen, daß die Eisenbahn auch heute baut, selbst wenn es sich dabei nur in verhältnismäßig geringem Umfang um neue Strecken handelt.

Die Elektrifizierung von nahezu siebentausend Kilometern des Bundesbahnnetzes während der letzten zwanzig Jahre stellt eines der größten Bauprojekte in der deutschen Eisenbahngeschichte überhaupt dar.

Völlig neue Großstadtbahnhöfe mit weitläufigen Gleisanlagen und modernsten technischen Einrichtungen sind nach dem Krieg in Heidelberg, Braunschweig und Ludwigshafen entstanden. Auch der Hauptbahnhof von Kempten im Allgäu wurde gleichermaßen neu errichtet. Damit wurden durchwegs alte Kopfbahnhöfe, aus denen jeder Zug nur rückwärts wieder ausfahren konnte, durch leistungsfähige Durchgangsbahnhöfe ersetzt.

In Umfang und Bedeutung kaum zu überschätzen sind auch die Bauleistungen zur Beseitigung der Kriegsschäden nach 1945. Im Bereich der Bundesbahn waren damals 4200 Kilometer Gleis, 16900 Weichen, 5400 Signale, 5000 Kilometer Streckenblock, 2000 Bahnübergangssicherungen, 1800 Stellwerke, 3724 Brücken, 67 Tunnel und 32 Millionen Kubikmeter umbauter Raum an Gebäuden zerstört oder schwer beschädigt.

Als für das Erscheinungsbild der modernen Bundesbahn besonders wichtig erwies sich der Bau neuzeitlicher Bahnhofsgebäude. Er ging zum Teil mit dem Wiederaufbau Hand in Hand. Doch die großenteils im vorigen Jahrhundert entstandenen Gebäude, die den Krieg unbeschädigt überstanden hatten, forderten ebenfalls dringend eine Modernisierung. Heute entsprechen die Bahnhofsgebäude in nahezu sämtlichen Großstädten den Ansprüchen der Zeit, und unzählige kleinere Bahnhöfe widerspiegeln ebenfalls die moderne Bundesbahn.

Doch auch einige völlig neue Strecken sind in den letzten Jahren entstanden, wenngleich sie sich nur über kürzere Entfernungen erstrecken. Der bemerkenswerteste Streckenbau spielte sich auf der Vogelfluglinie zwischen Großenbrode und Puttgarden auf der Insel Fehmarn ab. Im Zug der Neubaustrecke von 18 Kilometer Länge entstand gleichzeitig die imposanteste Brücke der Bundesbahn, die in 70 Meter Höhe bei 963 Meter Länge den Fehmarnsund überspannt. Außerdem wurde der Fährbahnhof Puttgarden auf 54 Hektar Grundfläche, mit fast 25 Kilometer Gleislänge und 155 Weichen völlig neu gebaut.

Als besonders interessante Neubaustrecke verdient die Biggetalbahn zwischen Attendorn und Olpe im Sauerland erwähnt zu werden. Durch den Bau der Biggetalsperre war eine Verlegung der Eisenbahnlinie notwendig, weil die alte Trasse durch das Überflutungsgebiet verlief. Auf der rund zehn Kilometer langen Neubaustrecke entstanden

Doppelstockbrücke über einen Seitenarm der Biggetalsperre im Sauerland.

DB
EDEKA
FAHRPLANE

Die eleganteste Brücke der Bundesbahn: sie führt Bahn und Straße auf der Vogelfluglinie über den Fehmarnsund.

drei Tunnel mit zusammen 2400 Meter Länge, außerdem zwei Doppelstockbrücken, wobei über der Eisenbahntrasse jeweils noch Straßenfahrbahnen angeordnet sind.
Gegenwärtig konzentriert sich das Baugeschehen bei der Bundesbahn auf neue S-Bahn-Netze. Dabei entstehen zunächst in München und Frankfurt längere Tunnelstrecken im Stadtkern. Aber auch äußerst umfangreiche Brücken-, Hoch- und Tiefbau-, Gleisbau- und Elektrifizierungsarbeiten sind im Zusammenhang damit auszuführen.
Womöglich werden neue Fernlinien im Rahmen eines integrierten Bundesverkehrswegeplans gebaut, nachdem etliche Hauptstrecken ihre Leistungsgrenze erreicht haben. Damit wäre ein Schnellverkehr über 200 km/h und seine Trennung vom langsamen Verkehr möglich. In der Studiengesellschaft Hochleistungsschnellbahn arbeitet die Bundesbahn auch an einem völlig unkonventionellen Verkehrssystem für die fernere Zukunft mit.

Links:
Der neue Saarbrücker Hauptbahnhof.

Baugrube für die künftige Frankfurter S-Bahn im Hauptbahnhof der Main-Metropole.

E
DB
112 497-3

Erst vermessen – dann bauen

„Sie können starten" lautet die letzte Anweisung nach längerem Zwiegespräch zwischen dem Kontrollturm und dem Piloten. Die Dornier Do 27 mit den Buchstaben D–EDDY auf Tragflächen und Rumpf rollt die Betonpiste des Flughafens entlang. Sekunden später erhebt sie sich zwischen das satte Grün der Wiesen und das tiefe Blau des Himmels. Das Flugzeug ist mit hochwertigen Luftbildkameras ausgerüstet. Seine Besatzung hat die Aufgabe, aus etwa 900 Meter Höhe Luftbildaufnahmen von Bahnhöfen und Eisenbahnstrecken herzustellen.

Dabei geht es weder um ein militärisches Unternehmen noch um die Erfüllung von Eisenbahnerwünschen, die Strecke einmal von oben zu betrachten. Seit fast fünfzehn Jahren arbeiten die Vermessungsstellen der Bundesbahn vorwiegend mit Luftbildaufnahmen, die Planunterlagen mit einer Genauigkeit von wenigen Zentimetern ergeben. Vorhandenes Planmaterial veraltet etwa im Zeitraum einer Generation, weil trotz aller Sorgfalt nicht sämtliche baulichen Veränderungen regelmäßig nachgetragen werden können. Genaue Planunterlagen sind jedoch Voraussetzung für jedes Bauvorhaben.

Gegenüber der terrestrischen Vermessung mit Meßband und Winkelprisma bietet die Luftbildvermessung wesentliche Vorteile. Die Auswertung findet gewissermaßen im Saale statt. Während kein Geometer bei Regenwetter im Gelände arbeiten kann, lassen sich an wenigen Tagen mit Vermessungsflügen so viele Luftbilder herstellen, daß mit geringerem Zeitaufwand mehr Planmaterial geschaffen werden kann. Gegenüber der terrestrischen Vermessung rechnet die Bundesbahn mit 30 bis 40 Prozent Ersparnis.

Der Pilot hat beim Bildflug darauf zu achten, daß die Maschine möglichst senkrecht über der Strecke entlangfliegt. Außerdem muß er sie möglichst waagerecht in der Luft halten. Denn nur, wenn eine genau senkrechte Aufnahme gelingt, ergibt das Bild exakte Maße. Leichte Verzerrungen lassen sich allerdings durch Vergleichsmessungen korrigieren. Während des Fluges stellt die Luftbildkamera ständig Aufnahmen her, die sich jeweils um etwa sechzig Prozent mit den benachbarten Bildern überdecken. Jedes derartige Bildpaar ergibt später bei der Auswertung ein stereoskopisches, das heißt räumlich erscheinendes Abbild des aufgenommenen Geländes.

Nach der Rückkehr vom Bildflug müssen die Aufnahmen, die bereits mit einem Negativformat von 24 x 24 Zentimetern hergestellt werden, zunächst dem zuständigen Regierungspräsidenten zur Freigabe zugeleitet werden. Nach dieser gesetzlich vorgeschriebenen Prozedur erhält der Auswerter die Negative. Mit Hilfe eines komplizierten feinmechanisch-optischen Gerätes liefert er die Grundlagen für das eigentliche Planmaterial. Aus terrestrisch vermessenen „Paßpunkten", die vor der Aufnahme mit weißer Farbe markiert wurden und sich nun auf dem Luftbild wiederfinden, läßt sich zunächst der durch die Flughöhe gegebene Umrechnungsmaßstab genauestens ermitteln. Der Auswerter führt dann in seinem Gerät, in dem er durch zwei Okulare ein räumliches Bildmodell der Landschaft erkennen kann, einen einprojizierten Lichtstrahl an allen Linien entlang, die auf dem Plan erscheinen sollen. Während sich die Lichtmarke an Böschungskanten und Bahndämmen, Brücken und Mastfundamenten, an Gleisen, Weichen oder Gebäuden des vorgetäuschten Raummodelles entlangbewegt, zeichnet ein Schreibstift – elektrisch übersetzt – die maßstäblich entsprechende Linie auf die Planskizze. So entsteht Strich für Strich der gewünschte Plan. Er wird zunächst mit Bleistift ausgeführt, um gegebenenfalls leichter korrigieren zu können. Danach zieht ein Zeichner die Linien mit Tusche nach, der vervielfältigungsfähige Plan ist fertig. Zwischendurch muß der Auswerter mit einem Geometer der Bundesbahn nur noch zum „Feldvergleich" ins Gelände,

Neues Wahrzeichen über dem Hauptbahnhof von Ludwigshafen, der gewaltige Pylon als tragendes Element einer kühnen Brückenkonstruktion.

Automatisch zeichnet das Gerät den maßstabgerechten Plan.

Linke Seite:
Beim Bildflug über dem Bahnhof Rosenheim.

Auswertungsgerät für die Luftbildvermessung.

um nicht genau definierbare Punkte zu bestimmen und entsprechende Signaturen im Plan anbringen zu können.
Die Bundesbahn rechnet zwar in jedem Jahr mit nur etwa dreißig wirklich geeigneten Aufnahmetagen, doch sie reichen aus, um genügend Luftbilder zu liefern. Als Bedingungen für den Bildflug gelten klarer oder allenfalls leicht bezogener Himmel, nahezu senkrechter Sonnenstand, um Schatten möglichst zu vermeiden, außerdem Tage im Frühjahr oder Herbst, wenn die Bäume noch kein Laub tragen oder die Ernte bereits eingebracht ist. Bevorzugt wird allein das Frühjahr, denn die üppige Vegetation längs der Bahndämme läßt die Böschungskanten im Herbst vielfach nicht mehr deutlich genug auf dem Luftbild hervortreten.

München -
Kufstein - Innsbruck - Brennero/Brenner -
Verona PN - Bologna C - Firenze SMN -
Roma Termini

Auf Reisen

Deutschlands schönste Strecken

Gute Reise!

Was ist in Deutschland schön? Eine Frage, auf die es so viele Antworten gibt wie Städte und Dörfer, wie Flüsse und Täler, wie Schlösser und Burgen, wie Wälder und Seen, wie Berge und Strand. Fast überall fahren Züge, gibt es Eisenbahnstrecken. Jede hat ihren Reiz, ob sie mit so klingendem Namen wie Berchtesgaden oder Westerland, wie Koblenz oder Köln, wie Hamburg oder München locken kann, oder ob sie mitten durch das Industrierevier an der Ruhr führt, durch die Weite Ostfrieslands oder immer entlang dem Bodensee. So fällt es schwer, eine gerechte Auswahl zu treffen. Für die meisten Touristen aus Amerika soll Deutschland am Kölner Dom beginnen und in Garmisch-Partenkirchen zu Ende sein. Die Berliner sollen den Bayerischen Wald besonders lieben, die Bayern den Strand von Nord- und Ostsee, die Hamburger das Gebirge. Falsch ist jede solche Pauschale, gerade weil es eben überall schön sein kann.

Wer aus dem Ruhrgebiet nach Süden rollt, mag sich auf die Fahrt am Rhein entlang freuen. Einen ihrer Höhepunkte erlebt er, bevor er den Strom selbst erreicht: während sich der Zug Köln nähert, wachsen am Horizont immer mächtiger und höher die Türme des Domes empor. Dann rollt die lange Schlange der Wagen über den Rhein, Lastkähne durchfahren tief unten die Hohenzollernbrücke, und eine ganze Flotte weißer Passagierschiffe lädt ein, den Rhein auch zu Wasser kennenzulernen. Doch der Zug rollt schnell. Bald erreicht er Bonn. Bei Rolandseck treffen Bahn und Strom nahe zueinander. Der eindrucksvollste Teil der Strecke beginnt bei Koblenz. Hier überquert die linke Rheinstrecke kurz vor der Mündung die Mosel. Jenseits des Rheins droht die Festung Ehrenbreitstein herüber, auch die Bollwerke um den Hauptbahnhof der Stadt erinnern an kriegerische Zeiten. Dann beginnt, mehr als sechzig Kilometer lang, eine der schönsten Strecken Deutschlands. Bis Bingen, wo sich die Rheinebene auftut, krönen Burgen, Schlösser und Ruinen die Höhen. Weinberge lehnen sich an die Hänge, schmucke Städtchen schmiegen sich zwischen Berg und Strom, oft haben Bahn und Straße kaum dazwischen Platz gefunden. Dort, wo der Zug kurz nacheinander drei Tunnel durchfährt, grüßt vom anderen Ufer die Loreley herüber. An der Pfalz bei Kaub setzte Blücher in der Neujahrsnacht 1814 über den Rhein. Bald wird dann auf der jenseitigen Höhe das Niederwalddenkmal sichtbar, der Zug überquert die Nahe, Bingen ist erreicht.

Als tunnelreichste und damit eine der romantischsten Strecken Deutschlands lockt die Schwarzwaldbahn von Offenburg nach Konstanz. Zwischen Hausach und Villingen gilt sie als ausgesprochene Gebirgsbahn, die mit ihrer kühnen Anlage das Vorbild für die Schweizer Gotthardbahn abgab. Erbauer der Schwarzwaldbahn war Robert Gerwig, Oberbaudirektor der Badischen Staatsbahnverwaltung. Er hatte an der Projektierung der Gotthardbahn maßgebend Anteil und lange Zeit auch deren Bauleitung inne. Mit Brücken und Viadukten, Schleifen und Kehren sowie insgesamt 39 Tunnels überwindet die Bahn den Höhenunterschied zwischen dem Rheintal und dem Kamm des Schwarzwaldes. Immer wieder schweift der Blick weit über das Land, über Täler und dunkle Schwarzwald-Höhen.

Seite 104/105:
Eilzug bei Garmisch-Partenkirchen vor dem Wettersteinmassiv.

Von München aus führen gleich mehrere wichtige und überaus reizvolle Strecken hinein ins Alpenland: nach Südwesten die Lindauer Strecke, von der in Immenstadt die Bahn

141036-4
97
5

nach Oberstdorf im Allgäu abzweigt; nach Süden über Starnberg und Murnau die Strecke nach Garmisch-Partenkirchen am Fuß der Zugspitze, von wo aus die Mittenwaldbahn weiterführt über die Grenze hinüber nach Innsbruck; oder nach Südosten die Strecke München–Salzburg mit ihrem Zweig nach Berchtesgaden. Erst rollt der Zug lange Zeit vor der meist schneebedeckten Kulisse der Berge entlang, um ihr schließlich immer näher zu kommen, in sie einzudringen, die schmalen Täler nützend, um in engen Kurven Paßhöhen zu überschreiten und jenseits andere Täler zu erreichen.

Auf der Schwarzwaldbahn.

Mit dem Zug über das Meer

Zu den besonderen Strecken gehört auch die Bahn über den Hindenburgdamm nach Westerland. Sie verbindet das schleswig-holsteinische Festland mit der elf Kilometer vor der Küste gelegenen Nordseeinsel Sylt. Als der Bau des Dammes durch das Wattenmeer in den zwanziger Jahren spruchreif wurde, verlangten die Sylter, um den insularen Charakter ihrer Heimat zu erhalten, daß nur die Eisenbahn über den Damm die Insel erreichen dürfe. Daran hat sich bis heute nichts geändert. Allerdings gehört es nun zur Hauptaufgabe der Bundesbahn, mit besonderen Doppelstockzügen die Autos zwischen Festland und Insel überzusetzen. Dabei dürfen die Autofahrer in ihrem Wagen sitzen bleiben und so vor allem bei Sturmflut ein unvergeßliches Erlebnis genießen.
Brücken vermögen oft besondere Eindrücke zu hinterlassen, auch wenn sie der Zug in kurzer Fahrt überquert hat. Da ragt hinter den kühnen Bogen der viergleisigen Hohenzollernbrücke der Kölner Dom in die Höhe; bei der Fahrt über die Hamburger Norderelbbrücke dringt förmlich „der Duft der weiten Welt“ vom Hafen herauf ins Abteil; romantisch schimmert die Ostsee, wenn der Nord-Expreß im Mondschein über die Fehmarnsundbrücke dem Fährhafen Puttgarden zueilt; mehr als hundert Meter Tiefe tun sich unter dem Müngstener Viadukt auf, der zwischen Solingen und Remscheid das Tal der Wupper mit nur einem Bogen überspannt, und zu einer Karussellfahrt einmal im Kreis zwingt die Hochbrücke bei Rendsburg jeden Zug nach Kiel und Neumünster, um ihn in so großer Höhe über den Nord-Ostsee-Kanal hinwegzuführen, daß selbst Ozeanriesen darunter hindurchfahren können.
Zu den schönsten Strecken Deutschlands gehören unzählig viele des insgesamt 30 000 Kilometer langen Bundesbahnnetzes. Sie liegen im norddeutschen Flachland, in der Lüneburger Heide, in den Mittelgebirgen zwischen Harz und Bayerischem Wald, zwischen der Eifel und dem Schwäbischen Jura, im Tal der Donau, der Mosel oder der Altmühl, zwischen Lindau und Bad Reichenhall.
Bekannt und schön zugleich sind schließlich eine der größten Steilrampen und der längste Tunnel der Bundesbahn: die Geislinger Steige zwischen Geislingen und Amstetten, und der Kaiser-Wilhelm-Tunnel zwischen Eller und Cochem an der Mosel.

Rechts:
TEE „Rheingold“ in Bacharach, oben Burg Stahleck.

Die Pfalz bei Kaub am Rhein.

DB
112 496-5

DB
110 423-1

Züge mit klingenden Namen

Der Kölner Dom.

Wer verspürt nicht Macht und Anziehungskraft unbekannter Fernen, wenn der Lautsprecher am Bahnsteig den sagenumwobenen „Orient-Express“, den „Metropolitano“ oder den „Nordpfeil“ ankündigt. Eine Nummer haben alle Züge, einen Namen nur die besonderen. Eigentlich sogar nur die ganz besonderen, denn von den nahezu 19 000 Reisezügen, die täglich bei der Bundesbahn verkehren, ist nur 190 – also genau einem Prozent – die Ehre der Taufe zuteil geworden.

Die Namensliste reicht von „Adria-Express“ bis „Wörthersee“. Nur an dem kleinen TEE-Symbol erkennbar, treten daraus die Trans-Europ-Express-Züge hervor. Sie bilden heute die eigentlichen Stars der Schiene, von denen alle einen klingenden Namen führen. Der berühmteste von ihnen kann schon auf mehr als vierzig Jahre Tradition zurückblicken: der „Rheingold“. Er verbindet Genf mit Amsterdam und Hoek van Holland. Als schnellster unter den Trans-Europ-Express-Zügen sticht der „Blaue Enzian“ besonders hervor: zwischen München und Hamburg erreicht er auf Teilstrecken in Süddeutschland und bei Hannover 200 km/h Spitzengeschwindigkeit, die ihn vor einigen Jahren das Blaue Band des schnellsten Zuges Europas erringen ließ. Weitere Trans-Europ-Express-Züge auf deutschen Strecken heißen „Diamant“, „Helvetia“, „Mediolanum“, „Paris-Ruhr“, „Parsifal“, „Rembrandt“, „Rhein-Main“, „Roland“ und „Saphir“; hinzu kommen der „Bavaria“ zwischen Zürich und München, „Prinz Eugen“ zwischen Bremen und Wien und „Goethe“ zwischen Paris und Frankfurt am Main.

Ebenfalls vollständig mit Namen gekennzeichnet sind die Züge des neuen Intercity-Netzes. Sie verbinden, ebenfalls mit TEE-Komfort ausgestattet, die wichtigsten Zentren der Bun-

Wegweiser zu fernen Zielen.

desrepublik. Meistens nehmen ihre Namen Bezug auf die Landschaft, durch die sie die

Strecke führt: der „Dompfeil“ läßt an Köln denken, der „Gambrinus“ an den Schutzpatron des Bieres, das in München und Hamburg ebenso zu Haus ist wie in Dortmund – Städte, die der Zug verbindet. Der „Hans Sachs“ fährt über Nürnberg, „Sachsenroß“ über Hannover und der „Schwabenpfeil“ nach Stuttgart, der „Porta Westfalica“ durch jene Antrittspforte der Weser ins Tiefland bei Minden und der „Hanseat“ nach der Hansestadt Hamburg.
„Christoforus“ und „Auto-Traum-Express“ sind Schöpfungen für Autofahrer, und der Name macht es deutlich. In beiden Zügen können sie den eigenen fahrbaren Untersatz mitnehmen: im „Christoforus“ am Tag zwischen München, Köln und Düsseldorf, mit dem „Auto-Traum-Express“ nachts zwischen München, Hannover und Hamburg.
Sogar ein einziger Eilzug gehört zu den Privilegierten, die sich unter den Zügen eines Namens rühmen dürfen: er heißt „Slesvigeren“ und verbindet Flensburg über Fredericia und den Großen Belt mit Kopenhagen.
Neuerdings tragen besonders schnelle D-Züge innerhalb der Bundesrepublik Namen deutscher Lande, die sie durcheilen: „Frankenland“ und „Hessenland“, „Moselland“, „Saarland“, „Sauerland“, „Niedersachsenland“, „Westfalenland“ und „Schwabenland“.
Die großen internationalen Expresszüge vom „Tauern-Orient“ bis zum „Jugoslavia-Express“, vom „Ost-West-Express“ zum „Akropolis“ haben, so will es scheinen, ein wenig vom Glanz der großen Expresszug-Zeit verloren. Die weiten Strecken, die sie in oft mehrtägiger Fahrt zu durchmessen haben, legt jeder eilige Reisende im Flugzeug zurück. Wer indessen Zeit hat, wer gern mit der Eisenbahn in fremden Ländern unterwegs ist, um zu sehen, zu hören und zu erleben, für den haben die Züge mit den klingenden Namen zwischen Paris und Moskau, Ostende und Wien, Rom und Kopenhagen auch heute nichts von ihrem Reiz verloren.

Der „Rheingold“ fährt in Koblenz ein.

Seite 114:
Nachts am West-Ost-Express nach Moskau: Hauptbahnhof Düsseldorf.

Seite 115:
Intercity „Gambrinus“ verläßt Frankfurt (Main); neben ihm der TEE „Helvetia“.

TEE „Blauer Enzian“ im Möhrenbachtal bei Treuchtlingen.

Trans-Europ-Express
1 1 5 2
Abfahrt
Gleis
4
Rheingold
Mainz - Mannheim -
Karlsruhe - Basel
Genève
GLEIS
104
DB
112 309-0

D Schnellzug
Essen-Dortmund-
Hannover-Berlin-
Warszawa-
Moskwa
22 48
Abfahrt
Gleis
18
PLÄNE

Menschen unterwegs

Eine viertel Million Menschen kommt und geht an einem einzigen Tag durch einen Großstadtbahnhof. Zu keiner Sekunde zwischen null und vierundzwanzig Uhr steht die Drehscheibe des Verkehrs menschenleer. Immerfort wechseln Abfahren und Ankommen. In 19 000 Zügen fahren täglich zweieinviertel Millionen Menschen. Wer mögen sie sein? Keine Statistik unterscheidet hier den Professor vom Studenten, den Ingenieur vom Schlosser, den Touristen vom Gastarbeiter, den Geschäftsmann vom Beamten. Dem kleinen Buben bedeutet die große Lokomotive ein aufregendes Erlebnis, dem Pendler nichts als grauer Alltag. Nirgends sind Freud' und Leid, Glück und Sorge einander so nah wie auf einem großen Bahnhof, wie im Zug. Wohin werden all die vielen Reisen führen? Wer wird sein Ziel erreichen, wenn ihn der Zug ans Ziel gebracht hat?
Über all das nachzudenken ist nicht Sache derer, die den Eisenbahnverkehr in nüchternem Zahlenmaß zu messen haben. Sie interessieren andere Fragen: ob die Zahl der Berufsreisenden weiter abnimmt, wie sich der Schülerverkehr entwickelt, welche Gewohnheiten der Durchschnittsreisende zeigt, wo neues Reisebedürfnis zu wecken ist.
Entsprechend nüchtern müssen die Statistiken der Bundesbahn aussehen. Da steht: beförderte Personen im Berufsverkehr 488 Millionen, im Schülerverkehr 291 Millionen, im übrigen Reiseverkehr 621 Millionen, zusammen 1,4 Milliarden im Jahr. Davon reisten 463 Millionen im Bahnbus. Die Beförderungsleistung von Zügen und Bahnbussen, berechnet aus Zahl der Reisenden mal Länge ihres Reiseweges ergibt 40,469 Milliarden Personenkilometer. Jeder Bundesbürger legte im Jahr statistisch 716 Kilometer mit der Eisenbahn zurück. Die durchschnittliche Länge jeder Reise betrug 28,9 Kilometer. Auch so müssen sie gesehen werden, die Menschen unterwegs.

Auf dem Querbahnsteig im Frankfurter Hauptbahnhof.

Ruhender Pol unter rastlosen Reisenden: der Auskunftsbeamte.

OMMERZBANK
SÜSSWAREN
PRALINEN
CHOCOLAT
GASTS
GEGENÜBER
GELDWEC
ZU DEN B
FRISEUR

Menschen unterwegs: sie arbeiten . . .

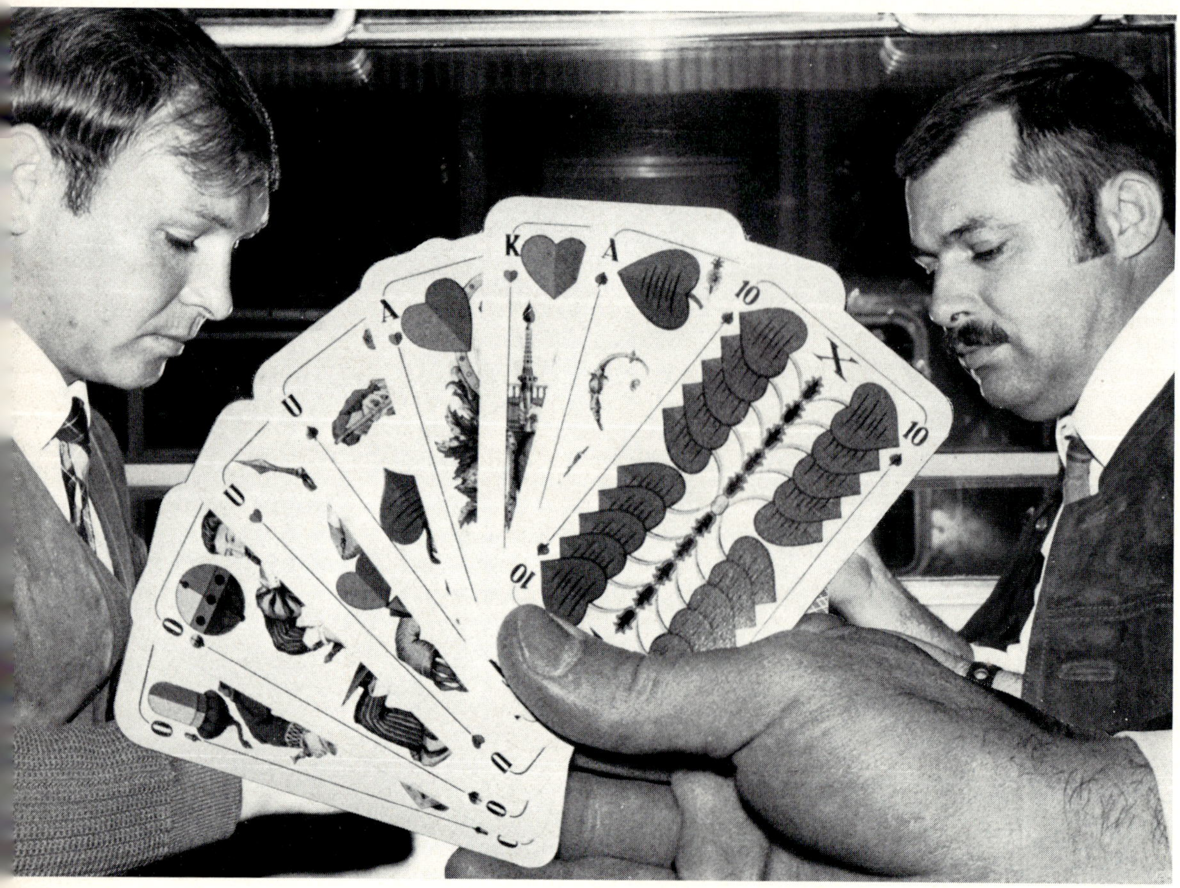

. . . oder vertreiben sich die Zeit,

ihn fasziniert die Welt der Eisenbahn,

sie haben nur ein Ziel: die Heimat.

Seite 120/121:
Auf dem Weg in den Alltag: München Hauptbahnhof.

ZOLL
BROT
TOTO-LOTTO

OTECHNIK
FUNDSTELLE
AUSKU
BÜRO

Im Trans-Europ-Express

Wer in first-class-Hotels abzusteigen pflegt, mag im Trans-Europ-Express nichts Besonderes finden. Wer ihn dagegen nur vom Berufszug aus vorüberrollen sieht, wird sicher gern einige neugierige Blicke hinter die goldbedampften Scheiben werfen.

Nicht aus purem Luxus ist das Glas so teuer ausgestattet, sondern um die Sonnenstrahlung zu dämpfen. Denn jeder TEE-Wagen besitzt air condition, eine Klimaanlage, deren Kühlaggregate auch an den Hundstagen Kellertemperatur liefern sollen. Damit die Außenatmosphäre nur wenig Einfluß ausübt, sind jene goldbedampften Scheiben eingesetzt, die Türen mit Automatik ausgerüstet. Leise Berührung ihrer Griffe genügt, um sie von selbst aufspringen und sich bald automatisch wieder schließen zu lassen. Wer gern im altgewohnten Abteil reist, findet im TEE mehr Abstand zu seinem Gegenüber, mehr Glas um sich herum, farbige Stiche als Wanddekoration und am Fenster einen kleinen Drehknopf, dessen Bedienung es nach Wunsch wärmer oder kälter werden läßt. Fluggewohnte Globetrotter fühlen sich im Großraumwagen wohler, der ähnlich einer geräumigen Flugzeugkabine ausgestaltet ist. Hier lassen sich die Sitze nach der Fahrtrichtung drehen, die Lehnen in Ruhe- und Schlafstellung neigen, Fußrasten in der Höhe verstellen. Holzvertäfelung und indirekte Beleuchtung durch Reihen von Leuchtstoffröhren strahlen geschmackvolle Gediegenheit und doch moderne Schlichtheit aus.

„Rheingold“ und „Rheinpfeil“ führen als Krönung des Reisekomforts einen glasgedeckten Aussichtswagen, dessen erhöhte Kanzel herrlichen Ausblick auf die Landschaft gewährt. Wie im Großraumwagen lassen sich auch hier die Polstersitze nach der Fahrtrichtung einstellen.

Der Speisewagen, selbstverständlich auch klimatisiert, bietet alle kulinarischen Genüsse, die in einem rollenden Restaurant nur denkbar sind. Die anschließende Bar im TEE genießt weithin besonderen Ruf.

Schließlich steht in jedem deutschen TEE eine Zugsekretärin zu Diensten, die mit ihrer kompletten Büroausstattung Diktate entgegennimmt, vertrauliche Post absolut verschwiegen erledigt und auch sonst mit Rat und Tat zur Stelle ist. Im Zugsekretariat besteht sogar Anschluß an die weite Welt. Ein Telefon ermöglicht auch während der Fahrt Gespräche ins In- und Ausland. Umgekehrt ist jeder Fahrgast im TEE unterwegs jederzeit erreichbar. Auch einige Intercityzüge haben Zugsekretariat und Fernsprecher.

Im Großraumwagen des „Rheinpfeil“.

Wagen eines TEE-Zuges.

DEUTSCHE BUNDESBAHN

Links:
Aussichtswagen vor der Rheinbrücke bei Mainz.

Im Aussichtswagen.

Jederzeit dienstbereit: die Zugsekretärin.

Das Auto als Reisegepäck

Die Liebe zum eigenen Wagen beseelt unzählige Autofahrer. Selbst verstopfte Autobahnen und die immer grüne Welle der Bahn vermögen an ihrer Treue nicht zu rütteln. Dagegen akzeptieren sie – um im Bild zu bleiben – die „Großfamilie": wenn das Auto dabei sein darf, steigen sie auch in den Zug. So sind „Christoforus" und „Auto-Traum-Express" entstanden, und außer ihnen noch rund fünfzig weitere Autoreisezüge.
Ursprünglich waren besondere „Gepäckwagen" für die Autoverladung vorgesehen. Sie erwiesen sich aber für Be- und Entladung als zu unzweckmäßig, so daß später offene Doppelstockwagen, wie sie in erster Linie zum Transport fabrikneuer Kraftwagen verwendet werden, bevorzugt wurden. Neuerdings hat die Bundesbahn speziell für ihre Autoreisezüge Doppelstockwagen für 160 km/h Höchstgeschwindigkeit eingesetzt.

Autoreisezug „Christoforus-Express" auf der Fahrt nach Düsseldorf.

Entladung der Kraftwagen nach Ankunft eines Autoreisezuges in München Ost.

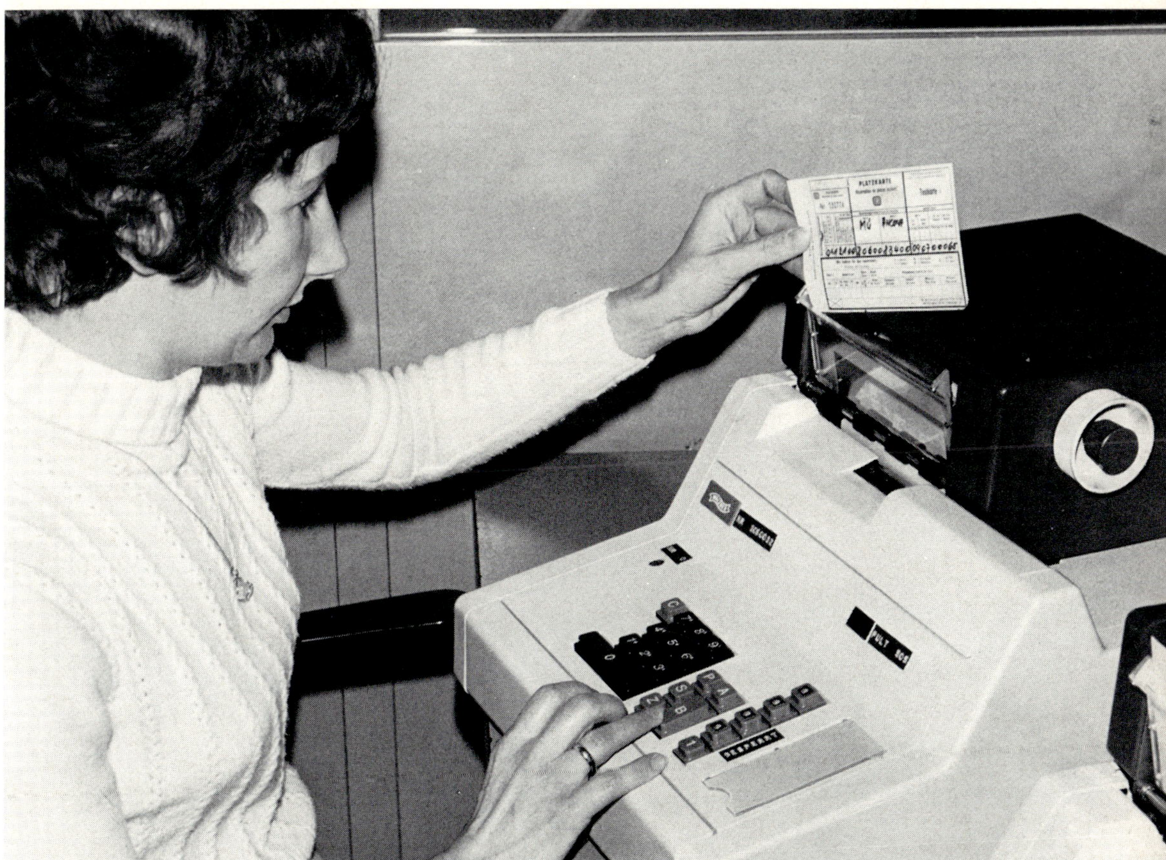

Elektronische Platzbuchung: auch Autoreisezugplätze können hier gebucht werden.

Die meisten Autoreisezüge, die vorwiegend weite Entfernungen im internationalen Verkehr nach Südfrankreich, in die Schweiz, nach Italien, Österreich und Jugoslawien bedienen, legen ihre vielfach über tausend Kilometer lange Strecke in nur einer Nacht zurück. So läßt sich der Urlaub durch den Autoreisezug um mindestens zwei Tage verlängern, die man sonst für eine strapaziöse An- und Heimreise opfern müßte. Die Verladebahnhöfe sind so ausgewählt, daß die Anfahrt dorthin mit dem Auto nicht allzuviel Zeit in Anspruch nimmt. Die Autoverladung über entsprechend eingerichtete Rampen erfordert keine besonderen Fahrkünste, Gepäck kann im Wagen bleiben, auf die Insassen warten Schlafwagen, Liegewagen, meist auch Abteil- und Speisewagen.
Um die Autoreisezüge in größerem Umfang auch dem Geschäftsreisenden zu erschließen, besteht im innerdeutschen Verkehr ein Netz von Tageszügen, die mit 160 km/h die Geschwindigkeit der meisten Autos übertreffen. Im Fahrpreis sind neben der Autofracht auch gleich Fahrkarten für drei Personen zu besonders günstigen Tarifen inbegriffen. Bei der Bundesbahn gibt es rund 25 Verladestellen, im Ausland etwa ebenso viele Ziele.

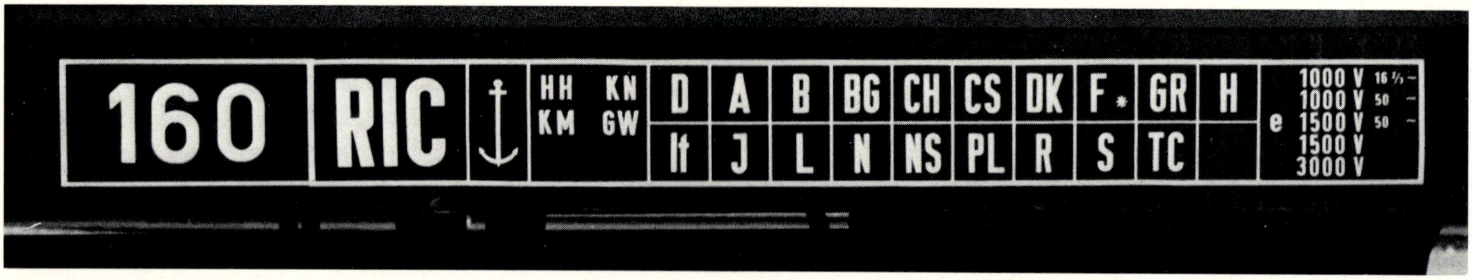

Die Geheimnisse eines Reisewagens

Nur wenige Eisenbahnfahrgäste fragen sich, wie die Abteile im Winter behaglich geheizt, wie sie in der Dunkelheit hell erleuchtet werden, wo das Wasser herkommt, mit dem man sich die Hände wäscht und die Toilette spült, wie die Notbremse funktioniert und was die vielen Buchstaben, Zahlen und Zeichen bedeuten mögen, die an jedem Wagen angeschrieben sind. Den meisten Menschen genügt die Gewißheit, d a ß alles funktioniert. Die Heizung zum Beispiel. Erst wenn sie einmal an einem kühlen Tag keine Wärme liefert, beginnen ihre „Geheimnisse“ allgemeines Interesse zu finden. Dann zeigt sich, welch kompliziertes System sich hinter dem unscheinbaren Regulierknopf im Abteil verbirgt. Moderne Reisezugwagen sollen Komfort bieten, also muß auch die Heizung komfortabel sein. Die elektrischen Heizdrähte und die Dampfrohre früherer Zeit waren es nicht; denn sie erfüllten die Abteile zwar mit warmer, durch das Verschmoren des anhaftenden Staubes aber auch mit schlechter Luft. Deshalb entschieden sich die Eisenbahnen in den letzten Jahren für Warmluft-, vor allem aber für Warmwasserheizung. Sie arbeitet ähnlich wie die Warmwasser-Zentralheizung zu Haus. Nur muß sie berücksichtigen, daß Reisewagen der Eisenbahn auch in andere Länder rollen, in denen andere elektrische Stromsysteme üblich sind, und daß auf vielen Strecken noch Dampf als Wärmequelle dient. So sind in den Eisenbahnwagen der neueren Bauformen Wärmetauscher eingebaut. Hier gibt der eigentliche Energieträger – sei es Dampf oder elektrischer Strom – seinen Wärmegehalt an ein zweites System ab, den Warmwasserkreislauf. Er transportiert die Wärme in einem geschlossenen Rohrnetz in jedes Abteil, um sie dort über Heizkörper an die Raumluft abzugeben.

Der „RIC-Raster“ an einem Schnellzugwagen der Deutschen Bundesbahn (Erläuterung im Anhang).

Die Beleuchtung der Wagen muß im Stillstand des Zuges ebenso funktionieren wie auf der Fahrt. Das erfordert zwei getrennte Stromquellen: eine Batterie für Stand- und einen Generator für Fahrtbetrieb. Damit die Batterie nicht nach einigen Aufenthalten auf Bahnhöfen erschöpft ist, muß sie zwischendurch immer wieder geladen werden. Der über die Achsen angetriebene Generator übernimmt diese Aufgabe mit. Bei modernen Wagen liefert er Drehstrom, der zur Batterieladung gleichgerichtet wird. Die neuzeitliche Beleuchtung mit Leuchtstoffröhren erfordert dagegen Wechselstromspeisung, die mit den einzelnen Phasen des Drehstromerzeugers unmittelbar möglich ist. Eine Regeleinrichtung sorgt dafür, daß bei genügend rascher Fahrt, wenn der Generator die benötigte Energie liefern kann, automatisch von Batterie- auf Generatorbetrieb umgeschaltet wird. In Zukunft soll die elektrische Wagenbeleuchtung neben anderen Stromverbrauchern in den Reisewagen über den Stromabnehmer der Lokomotive und die Heizleitung aus dem Fahrleitungsnetz versorgt werden, so daß eigene Achsgeneratoren an jedem Wagen nicht mehr nötig sind.

Der Weisheit, wonach ein Fahrzeug so gut ist wie seine Bremsen, haben sich die Eisenbahnen seit jeher besonders verpflichtet fühlen müssen. Die Bremsen der Züge sind heute so konstruiert, daß bei einer Störung im Bremssystem der Zug auf kürzestem Weg automatisch zum Stehen gebracht wird. Abgesehen von den zusätzlich in modernen Lokomotiven eingebauten elektrischen oder hydrodynamischen Bremsen, die nur auf die Lokomotive selbst wirken, arbeiten die Bremssysteme der Eisenbahn heute ausschließlich mit Druckluft. Zur Ergänzung können bei Wagen für hohe Geschwindigkeit Magnetschienenbremsen hinzukommen. Im allgemeinen muß jedoch die hohe Bewegungsenergie durch die Reibung der Bremsklötze an den Radreifen oder in den Trommeln der Scheibenbremsen in Wärme umgesetzt werden.

Viele „Geheimnisse“ eines Wagens verrät die Wagennummer.

Im Prinzip besteht die Druckluftbremse eines Wagens aus der durch den ganzen Zug durchverbundenen Hauptluftleitung, dem Hilfsluftbehälter, Bremszylindern und Bremsklötzen sowie dem Steuerventil. Auf der Lokomotive ist ein Luftpresser eingebaut, der vor Abfahrt des Zuges alle Hilfsluftbehälter und die durchgehende Hauptluftleitung auf 5 Atmosphären Druck auffüllen muß. Das Steuerventil jedes Wagens verbindet normalerweise Hauptluftleitung und Hilfsluftbehälter, in einem getrennten Kreis gleichzeitig Bremszylinder und Außenatmosphäre. Die Bremse ist damit gelöst. Sobald der Luftdruck in der Hauptleitung absinkt, spricht das empfindliche Steuerventil an, unterbricht die Verbindung der Bremszylinder mit der Außenluft und die von Hauptluftleitung und Hilfsluftbehälter, läßt Druckluft aus dem Hilfsluftbehälter in die Bremszylinder überströmen und damit die Bremsklötze an die Räder anpressen. Erreicht der Druck in der

Speisewagen

Schlafwagen, Typ „Universal"

Hauptluftleitung wieder den normalen Wert, steuert das Ventil in seine Grundstellung zurück, die Luft aus den Bremszylindern kann entweichen, die Bremsen lösen sich. Zur Betriebsbremsung reguliert der Lokomotivführer den Leitungsdruck vom Führerstand aus mit dem Führerbremsventil. Die Notbremsventile in den Wagen sind in die Hauptluftleitung eingeschaltet und lassen die Luft schlagartig entweichen. Die Steuerventile der Wagen sprechen voll an und bewirken Schnellbremsung. Das gleiche geschieht, wenn eine Kupplung reißen und dadurch eine Zugtrennung eintreten sollte, weil dabei auch die Hauptluftleitung zwischen den Wagen abreißen würde.
Die vielfältigen Aufschriften an den Reise- wie den Güterwagen geben Auskunft über ihre Bauart, ihre technischen Eigenschaften, ihre Herkunft und ihre Einsatzmöglichkeiten.

Neuzeitlicher Schnellzugwagen 2. Klasse.

Abteil und Seitengang des Schnellzugwagens 2. Klasse.

GLEIS
25
GLEIS
24
41 750 Mü
2

Bild
ZEITUNG
Diese Engländer sind zu putzen!
Tor-König Müller schießt uns ins Endspiel

Links:
Nahverkehrswagen mit Wagenkasten aus nichtrostendem Stahl.

Links unten:
Nahverkehrswagen im Berufsverkehr.

Der Koffer-Kuli macht die schwersten Koffer leicht.

LKLINGEN

Güter auf der Schiene

Industrie und Eisenbahn, untrennbare Partner: Stahlwerk und Bahnhof Völklingen (Saar).

Die verkehrspolitische Diskussion darüber, wie die Güterströme in volkswirtschaftlich sinnvolle Bahnen gelenkt werden können, läuft seit Jahren mit wechselnder Heftigkeit. Die Mehrzahl der Autofahrer will die „dicken Brummer" von der Straße verbannt sehen, die „Fuhrleute" fordern neue und bessere Autobahnen, andere Interessenten propagieren mit Nachdruck den Wasserstraßenbau, während die Eisenbahn vollauf zufrieden wäre, wenn die Verkehrspolitik das volkswirtschaftlich Sinnvolle immer als Richtschnur für ihre Entscheidungen benützen würde.

Dabei gilt zu erkennen, daß Beförderungsleistungen vom volkswirtschaftlichen Standpunkt aus im Kern etwas Unproduktives darstellen; denn zweifellos ist die Verwendung eines Erzeugnisses am Ort der Produktion zweckmäßiger als an weit entfernten Stellen, zu denen es erst transportiert werden muß. Der trotzdem unvermeidliche Beförderungsaufwand sollte deshalb möglichst gering gehalten werden und mit dem jeweils wirtschaftlichsten Verkehrsmittel erfolgen. Jedes hat seine arteigenen Eigenschaften, mit denen es Teilbereiche des Verkehrsmarktes zweckmäßiger als die anderen Verkehrsträger bedienen kann. Der von Gewinnstreben diktierte harte Wettbewerb unter den Verkehrsträgern wirkt sich in vieler Hinsicht schädlich aus. Er wird jedoch durch „Wettbewerbsverzerrungen" gefördert, die beispielsweise darin liegen können, daß der eine Verkehrsträger seine Fahrwege aus eigenen Mitteln finanzieren muß, während für die anderen der Staat die Wegekosten übernimmt.

Zu den besonderen Vorteilen der Eisenbahn zählt ihre Spurführung auf Gleisen, die Möglichkeit zur Bildung langer Züge und damit zum schnellen Transport großer Massen mit geringem Personalaufwand, niedrige Reibung zwischen Rad und Schiene, also geringe Antriebsleistung für die Beförderung hoher Lasten. Damit kann die Eisenbahn vor allem schwere und eilige Güter über weite Strecken wirtschaftlich befördern.

Die große Beweglichkeit des Lastwagens läßt ihn für die Bedienung der Fläche mit all ihren Verästelungen des Verkehrsnetzes besonders geeignet erscheinen. Auch die Binnenschiffahrt hat im modernen Verkehrswesen durchaus ihre Berechtigung; Massengut, bei dem die Beförderungsdauer keine Rolle spielt, kann auf den natürlichen Wasserstraßen sehr wirtschaftlich transportiert werden. Müßten allerdings die Milliardeninvestitionen in künstlich angelegte Wasserwege aus dem Gewinn der Binnenschiffahrt finanziert werden, würde kaum ein neuer Kanal mit den vielfach nötigen, kostspieligen Schleusen und Schiffshebewerken gebaut werden.

Eine strenge Trennung – Eisenbahn schneller Schwergutverkehr auf großen Strecken, Lastkraftwagen Flächenverkehr und Binnenschiffahrt nicht eiliger Massenguttransport – wäre aus der Vielfalt der Faktoren heraus, die bei einem so vereinfachten Schema außer acht bleiben, freilich nicht realisierbar. Dennoch ist die Forderung berechtigt, im großen und ganzen der volkswirtschaftlichen Linie bei der verkehrspolitischen Steuerung zu folgen. Wenn dies nicht oder nur teilweise geschieht, so weniger aus mangelnder Einsicht in die volkswirtschaftlichen Erfordernisse, als einfach deshalb, weil in der politischen Instanz auch die Auswirkungen auf andere Bereiche und die von dort kommenden Einflüsse berücksichtigt werden müssen.

Seite 136/137:
Der Frankfurter Hauptgüterbahnhof bei Nacht.

Immerhin dürfen die Bemühungen nicht übersehen werden, weit in die Zukunft gerichtete Planungen an volkswirtschaftlichen Überlegungen zu orientieren. Hierzu gehört zum Beispiel die merklich gedämpfte Neigung der Bundesregierung, neue Kanalprojekte zu beginnen, vor allem aber die Projektstudie für eine künftige Nord-Süd-Hochleistungsschnellbahn mit Anschluß des westdeutschen Industriegebietes. Diese Bahn soll die spezifischen Vorteile der Verkehrssysteme weitgehend berücksichtigen: die aus den Nahbereichen kommenden Lastkraftwagen fahren in den Knotenpunkten auf die Schnellbahn, legen mit ihr die weite Transportstrecke bei Geschwindigkeiten bis zu 400 km/h zurück, um wenig später an einem entfernten Knotenpunkt den Zug zu verlassen und das nun wiederum nahe Ziel irgendwo in der Fläche mit eigener Kraft anzusteuern.

Ganzzüge – Stars im Güterverkehr

Während im Reiseverkehr die Wagen fast durchweg in einem Zug bis zum Zielbahnhof durchlaufen und nur Kurswagen unterwegs auf andere Züge umrangiert werden müssen, liegen die Verhältnisse im Güterverkehr gerade umgekehrt. Die meisten Güterzüge bestehen aus Wagen unterschiedlicher Ziele. Unterwegs müssen sie auf besonderen Rangierbahnhöfen meist mehrfach in neu gebildete Züge eingereiht werden, bis sie

Werkbahnhof der Auto-Union in Ingolstadt.

schließlich mit einem Nahgüterzug ihren eigentlichen Zielbahnhof erreichen. Um den hohen Rangieraufwand zu vermindern, laufen ständig Bemühungen, so viele Güterwagen mit gleichem Ziel zu vereinigen, daß geschlossene Züge entstehen, die dann ohne „Unterwegsbehandlung“ über weite Entfernungen durchfahren können.

Besonders wirtschaftlich eingesetzt und deshalb auch in der Tarifgestaltung begünstigt werden sogenannte Ganzzüge, die vom „Absender“ bereits geschlossen übergeben und so bis zum Ziel befördert werden können. Früher spielte der Ganzzugverkehr mit Kohle, die in Zechen verladen und zu Großabnehmern versandt wurde, eine bedeutende Rolle. Durch den Strukturwandel auf dem Energiemarkt hat die Kohle jedoch allgemein an Bedeutung eingebüßt, so daß auch der Kohleverkehr zurückgegangen ist.

Dennoch verkehren auch heute zahlreiche Ganzzüge bei der Bundesbahn, teilweise sogar mit im allgemeinen unerreichten Höchstlasten. So rollt regelmäßig ein 4 000 Tonnen schwerer Erzzug von Emden nach Völklingen an der Saar. Neuerdings wird ein ebenso schwerer Ganzzug mit Kohle zwischen Kamen und Fürth (Bayern) eingesetzt.

Weitere Produkte, die in Ganzzügen abgefahren werden, sind unter anderem Mineralölerzeugnisse, Steine und Erden, vor allem Schotter, Straßenbaumaterial, Kalk und Kali. Wegen ihrer besonderen Wirtschaftlichkeit nehmen die Ganzzüge eine Sonderstellung im gesamten Güterverkehr ein; auf keine andere Weise können derart große Massen mit so geringem Aufwand ebenso schnell transportiert werden.

Werkbahnhof der BP-Raffinerie in Vohburg an der Donau.

Kalizug bei Bad Hersfeld.

Rechts oben:
Kesselwagen-Ganzzug bei der Ausfahrt aus einer Raffinerie.

Rechts unten:
Kühlwagenzug auf der linken Rheinstrecke bei Mainz.

290 193-2

INTERFRIGO

260 857-8

Industriewerke mit eigenem Bahnhof

Die Zuverlässigkeit der Eisenbahn erhält einen der größten Vertrauensbeweise dadurch, daß große Industriebetriebe ihre laufende Produktion auf einen ununterbrochenen Transportfluß bei der Zufuhr der Rohstoffe und der Abfuhr der Fertigprodukte auf der Schiene aufbauen. Dabei haben sich innerhalb der Werke zahlreiche Anlagen entwickelt, die als eigene große Güterbahnhöfe gelten können.
Zu den bedeutendsten gehört der Werksbahnhof des Volkswagenwerkes in Wolfsburg. Im Jahre 1970 wurden hier 84 763 Eisenbahnwaggons mit fabrikneuen Volkswagen beladen. Ihre Zahl betrug genau 800 037. Damit hat diese riesige Anlage, in der auch nahezu sämtliche Zulieferteile ankommen, Deutschlands früher größten „Autobahnhof" von Opel in Rüsselsheim überflügelt. Dort waren schon 1936 rund 80 000 Automobile verladen worden.
Auch die Mineralölindustrie hat beim Bau ihrer neuen Erdöl-Raffinerien teilweise umfangreiche Gleisanlagen innerhalb des Betriebsgeländes angelegt, um vor allem die Fertigprodukte rationell verladen und abtransportieren zu können. Während das Rohöl in Pipelines von den Mittelmeerhäfen in die süddeutschen Raffinerien gepumpt wird, konnte die Bundesbahn den Bau von Produktenpipelines durch attraktive Transportangebote bisher abwenden.
Bedeutende Werkbahnhöfe besitzen auch sämtliche großen Werke der chemischen Industrie, Hüttenwerke und Zechen. Über weitläufige eigene Gleisanlagen verfügen schließlich die See- und einige Binnenhäfen, wobei allerdings die Betriebsführung vielfach der Bundesbahn übertragen wird.

Von Haus zu Haus auf der Schiene

Mit dem Slogan vom „Haus-Haus-Verkehr" liegen Eisenbahn und Lastkraftwagen ein wenig in Fehde. Zwar vermag der Lkw auf der Straße sozusagen jedes Haus zu erreichen, doch auch auf Schienen ist durchaus „echter" Haus-Haus-Verkehr möglich.
Gemeint ist der Transport von Gütern ohne Zwischenumschlag vom Haus des Absenders in das des Empfängers. Die Bundesbahn kann dabei mit einer verblüffenden Zahl aufwarten: 63 Prozent ihres gesamten Güterverkehrs, vom Stückgut abgesehen, stellt solchen Haus-Haus-Verkehr dar. Die Wagenladungen werden dabei in einem Anschlußgleis des Absenders unmittelbar an der Produktionsstätte verladen und rollen mit der Eisenbahn wiederum in ein Anschlußgleis des Empfängers. Mehr als zehntausend derartige private Gleisanschlüsse erschließen das Netz der Bundesbahn und der übrigen europäischen Eisenbahnen allein in der Bundesrepublik für Industrie und Gewerbe.
Die im Haus-Haus-Verkehr auf der Schiene beförderten Gütermengen berühren weder im Nah- noch im Fernverkehr die Straße, bedeuten also für den Autoverkehr eine echte und spürbare Entlastung. Der Bau neuer Gleisanschlüsse wurde deshalb vier Jahre lang durch ein besonderes Programm der Bundesregierung gefördert. Dabei standen jährlich 250 Millionen Mark für Maßnahmen zur Verfügung, mit denen zur Entlastung des Straßennetzes Transportgut auf die Schiene zurückgeführt werden kann. Im Rahmen dieser Förderung sind rund 2 000 neue Gleisanschlüsse beantragt worden, wobei die interessierten Unternehmen bei Inanspruchnahme der Bundesmittel die Verpflichtung eingehen müssen, ihre Transporte künftig mit der Eisenbahn durchzuführen. Der Umfang dieses Transportaufkommens wurde mit 100 Millionen Tonnen beziffert. Diese Zahl entspricht etwa der gesamten Jahresleistung des gewerblichen Güterfernverkehrs.

Rangierabteilung „bedient" einen Gleisanschluß.

Druckluftentladung von Zement aus Spezialgüterwagen.

Beladung eines Schiebewandwagens mit Gabelstapler von ebener Erde aus.

Rechts:
Ein Zirkus bevölkert die Ladestraße.

Für jedermann: die Ladestraße

Grundsätzlich unterscheidet die Eisenbahn im Güterverkehr zwischen Wagenladung und Stückgut. Expressgut und Reisegepäck werden – nebenbei bemerkt – dem Reiseverkehr zugeordnet, weil sie durchweg in den Packwagen der Reisezüge oder eigenen Expressgutzügen befördert werden. Stückgut dagegen läuft in besonderen Wagen der Güterzüge mit, wobei viele Einzelstücke wie Kisten oder Säcke, Fässer und Pakete in einem Güterwagen Platz haben. Nimmt dagegen die Menge eines Gutes den Laderaum eines Güterwagens allein in Anspruch oder erreicht sie ein Gewicht, das einen Wagen voll auslastet, so sprechen die Fachleute von Wagenladungen.
Dieser Verkehr steht jedermann offen, auch wenn er nicht über ein Anschlußgleis auf seinem Grundstück verfügt. Dafür gibt es in jedem Bahnhof mit „Abfertigungsbefugnis für den Wagenladungsverkehr" eine entsprechende Ladestraße. Hier stellt die Eisenbahn bestellte leere Waggons zur Beladung bereit, ebenso voll eintreffende Wagen. Große Bedeutung hat der Umschlag über die Ladestraße noch für die Landwirtschaft, die Kunstdünger und Saatgut bezieht und ihre Erzeugnisse verlädt. Für den alljährlich im Herbst anlaufenden Zuckerrübenverkehr stehen in den Anbaugebieten heute fast überall Einrichtungen zur Verfügung, die das Überladen auf die Eisenbahn mechanisch, also ohne jede Handarbeit, ermöglichen.
Vielfach sind auf Bahnhöfen mit Ladestraßen auch Kopf- oder Seitenrampen vorhanden. Im übrigen herrscht auf Ladestraßen meist buntes Leben. Da entlädt der Kohlenhändler Briketts, ein Bauer verlädt Äpfel, ein Maschinenhändler dirigiert den nagelneuen Mähdrescher vom Waggon herab, und einmal im Jahr gibt ein Zirkus sein Gastspiel.

Elefanten

Links:
Dickhäutige Fahrgäste.

Zwanzig neue Telefonzellen auf dem Weg zu ihrem Anschluß.

Plastikrohre auf einem Rungenwagen.

„Spezialisten“ im Wagenpark

Rationalisierung ist eine Forderung, die in den letzten Jahren keineswegs nur an die Adresse der Eisenbahn gerichtet war, der sich vielmehr auch die leistungsorientierte Wirtschaft nicht entziehen kann. Die früher vielfach in Kauf genommenen Verfahren, in althergebrachter Weise Güterwagen mit Schaufel oder Stechkarre zu laden, sind heute weitgehend untragbar. Die menschliche Arbeitskraft ist dafür zu kostbar geworden.
So hat die Bundesbahn zahlreiche Spezialgüterwagen entwickeln lassen, deren Einrichtungen entweder vollautomatische oder zumindest mechanische Be- und Entladung mit Gabelstaplern, Kränen oder anderen maschinellen Hilfsmitteln gestatten.
Zu den wichtigsten dieser Wagentypen gehören die Schiebewand- und Schiebedachwagen, bei denen entweder die gesamten Seitenwände, die Dächer oder beide auf die halbe Wagenlänge seitlich verschoben oder verschwenkt werden können. Damit ist der gesamte Wagenraum einer Beladung von oben oder von der Seite zugänglich. Für staubförmige Güter gibt es Behälterwagen, die über Schlauchleitungen mit Druckluft entladen werden können. Selbstentladewagen, besonders für Kohle, Erz oder Schotter, gestatten vollautomatische Entleerung in tiefgelegene Bunker.
Zu den Spezialwagen gehören auch die Kühlwagen. Dabei ist ihrer Funktion entsprechend zwischen vier Typen zu unterscheiden: Wagen für frischen Fisch, für Südfrüchte, für Tiefkühlgut und Universalwagen für alle Kühlgüter außer Frischfisch. Durch mitgeführtes Wasser- oder Trockeneis, teilweise auch durch Kühlaggregate wird die nötige Temperatur über lange Strecken eingehalten. Für Schwertransporte besitzt die Bundesbahn einen umfangreichen Park von Tiefladewagen. Der leistungsfähigste von ihnen hat 32 Achsen und kann Schwerlasten bis zu 450 Tonnen Einzelgewicht befördern. Für bestimmte Zwecke entwickelte Wagen sind als „Privatwagen“ eingesetzt. Zu ihnen gehören vor allem die Kesselwagen für jedes nur denkbare flüssige oder gasförmige Ladegut.

Links:
Der „schwerste Brocken“, den die Bundesbahn je transportierte: 380 Tonnen schwerer Transformator auf dem 32achsigen Spezialwagen, dem leistungsfähigsten deutschen „Tausendfüßer“.

Europas größter zweiachsiger Güterwagen. Ladegut: Dämmstoffe für Wärme- und Schallisolierung.

Entladung von Frischobst aus einem Kühlwagen.

„Nachtsprung“ mit „großen Kisten“

Beinahe als Synonym für mehr volkswirtschaftliche Orientierung im Verkehr gilt heute der Begriff des „kombinierten Verkehrs“. Er bringt zum Ausdruck, daß viele Güter nur im Einzugsbereich des Versand- und des Empfangsbahnhofes auf der Straße transportiert, über die Fernstrecke dagegen mit der Eisenbahn befördert werden sollen, ohne den Nachteil einer zusätzlichen Umladung am Bahnhof in Kauf nehmen zu müssen. Beim kombinierten Verkehr wird nicht das Ladegut, sondern der gesamte Transportbehälter zwischen Schienen- und Straßenfahrzeug umgeschlagen.

Dabei hat der Containerverkehr in den letzten Jahren neue entscheidende Impulse geliefert. Von der amerikanischen Marine zunächst für militärische Transporte nach Übersee benützt, fanden die überaus zweckmäßigen „großen Kisten“ bald auch in der Handelsschiffahrt vor allem auf den Atlantikrouten zwischen Europa und den USA einen ausgezeichnet geeigneten Verwendungsbereich. Container dehnen den „kombinierten Verkehr“ auf die Schiffahrt aus und ermöglichen damit eine ununterbrochene Transportkette gewissermaßen von Haus zu Haus über die Weltmeere hinweg.

Bald nach Anlandung der ersten Container hat die Bundesbahn in rascher Erkenntnis der künftigen Bedeutung dieser neuen Transportart den Aufbau eines über die gesamte Bundesrepublik sinnvoll verteilten Netzes von leistungsfähigen Umschlagsplätzen begonnen. Diese „Binnenland-Terminals“ verfügen vor allem über einen modernen, auf eigenen Schienen fahrbaren Portalkran, der 35 Tonnen heben kann. In der Regel bestreicht ein solcher Kran zwei parallele Gleise, eine Straßenfahrbahn und eine Abstellspur für leere Container. Die Hubhöhe reicht aus, um über zwei aufeinander gestapelte Container einen dritten hinwegzuheben. Das Krangeschirr ist für alle Containergrößen geeignet. Bolzen greifen dabei in genormte Ösen an den Ecken des Containers, so daß die Umladung nur zwei bis drei Minuten dauert.

Die Bundesbahn hat auch eigene Container für den Binnenverkehr entwickeln lassen, die in den Abmessungen geringfügig von denen der Übersee-Container abweichen. Damit besteht bei den Binnen-Containern jedoch die Möglichkeit einer voll raumfüllenden Beladung mit Pool-Paletten, die zur Zusammenfassung vieler kleinerer Einzelstücke zu einer größeren, mechanisch umschlagbaren Transporteinheit starke Bedeutung gewonnen haben. In der Länge stimmen Binnen- und Übersee-Container überein.

Entscheidend für ihren Anteil am gesamten Containerverkehr war die Schaffung schneller Zugverbindungen zwischen den Häfen und den Umschlagplätzen des Binnenlandes. Im Frühjahr 1968 nahm der Container-Schnellzug „Delphin“ die erste „Nachtsprung“-Verbindung zwischen Bremen sowie Hamburg und den Städten Frankfurt (Main), Mannheim und Ludwigsburg bei Stuttgart auf. Der Zug brachte die bis zum Abend verladenen Container schon am nächsten Morgen ans Ziel. In welchem Umfang das Netz schneller Nachtverbindungen seither ausgedehnt worden ist, verdeutlicht bereits der Sommerfahrplan 1970 mit 1446 „Nachtsprung“-Verbindungen zwischen 54 Umschlagplätzen.

Um das in Containern versandte, meist hochempfindliche Gut vor Transportschäden zu schützen, gehören neuerdings zahlreiche Container-Tragwagen mit Stoßverzehreinrichtung zum Wagenpark der Bundesbahn. Diese Einrichtung hält Rangierstöße von der Ladefläche des Wagens und damit von den Containern fern. Ähnliche Einrichtungen mit verschiedener Wirkungsweise gibt es auch für andere Güterwagentypen.

Wenn die allerdings weit in die Zukunft reichenden Prognosen eintreffen, sollen eines Tages sämtliche konventionellen Güterwagen durch Container und entsprechende Tragwagen ersetzt werden, um den kombinierten Verkehr voll zum Tragen zu bringen.

Containerumschlag am Burchardkai im Hamburger Hafen; im Hintergrund das Containerschiff „American Astronaut“.

Container erreichen im „Nachtsprung“ ihr Ziel.

Seite 152/153:
Container-Terminal in Würzburg.

STATES LINES
UNITED
UNITED STATES LINES

WB239105YP
DB
DB

260 159-9
4
260 159-9

DB
Hieberkran
Zul Belastung 35000 kg
DB

DB
DB 41-417

UNITED STATES LINES
DB
DB 6 10 052
20000kg
2300kg
DB 41-417

„Huckepack“ für Lkw und Güterwagen

Links oben:
Containerzustellung im Nahverkehr auf der Straße.

Links unten:
Containerumschlag von der Schiene auf die Straße.

Die Bundesbahn macht's möglich: sie nimmt die „dicksten“ Lastzüge inklusive Anhänger „an Bord“, sie verfrachtet aber auch ihre größten Güterwagen auf die Straße. Ein Fahrzeug nimmt dabei das andere „Huckepack“.
Es begann mit „Sattelaufliegern“ und „Wechselkästen“, das sind „Sattelschlepper“ ohne das eigentliche „Schlepperteil“, also nur deren Aufbau samt den Hinterachsen, und abnehmbare Wechselaufbauten von Lastkraftwagen oder Anhängern. In beiden Fällen bietet das Verfahren, diese Sattelauflieger und Wechselkästen mit dem Huckepackzug der Eisenbahn zu befördern, den Vorteil, daß ein Spediteur seine Zugmaschine am Ort lassen und am Ziel eine andere einsetzen kann. Das tote Gewicht beim Transport wird dadurch vermindert. Aber die Verladung ist mit einiger „Technik“ verbunden, was die Kapitäne der Landstraße mit Zurückhaltung quittieren.
Dagegen erfreut sich der erste uneingeschränkte Huckepackverkehr bei ihnen großer Beliebtheit. Er wurde zwischen Köln und Ludwigsburg bei Stuttgart eingerichtet und besteht aus besonders niedrigen Wagen mit Rädern von nur 30 Zentimetern Durchmesser. Jeder Lastzug mit den im EWG-Bereich zugelassenen Abmessungen kann ohne weiteres auf diesen Zug fahren, durch Anziehen der Handbremse und Einlegen eines Ganges gesichert und mit 100 bis sogar 120 km/h Geschwindigkeit befördert werden.
Auch „Huckepack verkehrt“ praktiziert die Bundesbahn schon lange. Mit dem von Culemayer entwickelten Straßenroller aus der Zeit Anfang der dreißiger Jahre stehen heute universelle Schwerlastfahrzeuge zur Verfügung, die Güterwagen zu Unternehmen ohne eigenen Gleisanschluß bringen und auch andere Schwerlasten transportieren. Die Höchstlasten des Schienenverkehrs von gegenwärtig 450 Tonnen lassen sich so auch auf die Straße übernehmen.

„Huckepack“-Zug aus Spezialwagen mit extrem niedriger Ladeebene, Bauart Simmering-Graz-Pauker.

Große Behälter – kleine Behälter

Lange bevor der erste Container in Amerika gebaut war, gab es bei den europäischen Eisenbahnen bereits „Großbehälter". Wie unterschiedlich allerdings der Begriff „groß" dort und hier ausgelegt wird, zeigt heute ein Vergleich europäischer Großbehälter – von französisch «porteur aménagé» kurz pa-Behälter genannt – mit 40-Fuß-Containern. pa-Behälter fassen in der Regel rund drei Kubikmeter Ladegut. Sie dienen in gleicher Weise dem kombinierten Verkehr wie Container, bilden aber wesentlich kleinere Einheiten, sind also auf europäische Verhältnisse zugeschnitten. Die speziellen Behältertragwagen fassen meist drei pa-Behälter. Straßenzustellfahrzeuge, die ein Mann allein bedienen kann, hält die Bundesbahn in vielen Orten der Bundesrepublik bereit.
Die „Familie" der pa-Behälter erweist sich beinahe ebenso umfangreich wie der Park an Spezialgüterwagen. Da gibt es offene pa-Behälter für Kohle, Koks, Briketts, Kies, Sand, Steine und andere Baustoffe, die durch Kippen des Behälters entladen werden. Eine verwandte Bauform eignet sich besonders zum Einschichten, etwa von Ziegeln, Bimssteinen, Dachziegeln oder Stempelholz. Ein Doppelbehälter mit Bodenentleerung kann für Kohlenstaub, Schwerspat, Kunstdünger oder Zement verwendet werden und dabei gleich als Baustellensilo dienen. Geschlossene Behälter sind für eine bunte Palette von „Kaufmannsgütern" da, wie für Textilien, Glaswaren, Keramik, Eisen- und Stahlwaren, Elektrogeräte, Waschmittel, Zigaretten, Autoteile, Flaschenbier, Konserven, Keks und viele andere Lebensmittel. Weitere Bauformen stehen für Feinschüttgüter wie Getreide, Malz und Rohzucker oder Zement und Feinkalk zur Verfügung. Auch für Zucker, Grieß und Mehl, für tiefgekühlte Lebensmittel, für Milch, Fruchtsaft und Bier, für Mineralöl, Säuren und Laugen oder Flüssiggas gibt es besondere pa-Behälter.

Ein Mann allein kann einen pa-Behälter vom Schienen- auf das Zustellfahrzeug umsetzen.

Links:
Culemayer-Straßenroller auf dem Rennsteig bei Alexanderhütte.

Die Gitterbox-Palette faßt Säcke und Eimer zu einer vom Gabelstapler ein-, um- und ausladbaren Einheit zusammen.

Stechkarren – ausgestochen

Nach wie vor hat die Bundesbahn auch erheblichen Stückgutverkehr zu bewältigen. Vor einiger Zeit wurden etwa zwei Drittel der Stückgutabfertigungen geschlossen, etwa tausend leistungsfähige Stückgutknoten eingerichtet und im übrigen fast alle Orte der Bundesrepublik in ein Stückgut-Sammel- und Verteilnetz aufgenommen, das von den Stückgutknoten aus die Umgebung erfaßt und durch vertraglich verpflichtete Spediteure auf der Straße bedient wird. Dadurch konnte der Stückguttransport in den Zügen stark gebündelt und nicht nur rationalisiert, sondern auch beschleunigt werden.
Schon viele Jahre lang hatte die Bundesbahn zuvor zusammen mit den übrigen europäischen Eisenbahnen die Wirtschaftlichkeit des Stückgutverkehrs zu heben versucht. Einen der bedeutendsten Erfolge in diesem Bemühen brachte die Einführung der Paletten. Sie dienen dazu, die unzähligen einzelnen Stückgutsendungen mit gleichem Ziel, die zuvor alle einzeln ein-, um- und ausgeladen werden mußten, zu größeren Ladeeinheiten zusammenzufassen.
Außer der Zusammenfassung kleiner zu großen Stückguteinheiten erfüllen die Paletten noch eine zweite wichtige Funktion. Sie lassen sich im Gegensatz zu einzelnen Paketen, Säcken oder Kisten auf Grund ihrer Bauweise von Gabelstaplern aufnehmen, transportieren und absetzen.
Damit war das zweite bedeutende Stichwort für höhere Wirtschaftlichkeit im Stückgutverkehr gegeben: die Mechanisierung des Ladedienstes. Während früher beinahe jedes Einzelstück von Hand oder mit „Stechkarren" über Güterböden und Rampen der Umladestellen gebracht werden mußte, haben heute Gabelstapler, hydraulische Hubwagen und andere mechanische Hilfsmittel die Stechkarren nahezu völlig ausgestochen.

Pool-Flachpaletten können freizügig getauscht und damit auch als innerbetriebliches Hilfsmittel genutzt werden. Hier beim Stapeln in den Regalreihen eines C & C-Großmarktes.

Stechkarren – kaum noch benützt; Gabelstapler und Hubwagen erleichtern die Arbeit auf dem Güterboden.

E. R.
HAMBURG
6295
NO. 466-700
LOTOS
EUR
DB
5A
VARTA

„Eselsrücken" – auch in Zukunft unentbehrlich

Um die Vielzahl der Güterwagen unterwegs ihren Zielen entsprechend „sortieren" zu können, sind besondere Rangierbahnhöfe nötig. Hier treffen täglich viele tausend Wagen zusammen, um dann nach Richtung oder Ziel geordnet, in neuen Zügen weiterzurollen. Die Zahl der meist viele Hektar Fläche umfassenden Rangierbahnhöfe, die vor einigen Jahren noch mehr als fünfzig betrug, soll im Laufe der nächsten Zeit auf weniger als zwanzig absinken. Dafür werden diese Knotenpunkte mit modernsten technischen Einrichtungen ausgerüstet. In Zukunft sollen sie mit einem Minimum an menschlicher Arbeitskraft auskommen, wofür weitgehende Automation die Voraussetzungen schaffen.

Im wesentlichen besteht ein Rangierbahnhof aus vier Bereichen: der Einfahrgruppe, dem Ablaufberg – auch „Eselsrücken" genannt –, der Richtungsgruppe und der Ausfahrgruppe. Hinzu kommen, den örtlichen Besonderheiten entsprechend, weitere Anlagen, Anlagen zur Wartung, Instandhaltung und Bereitstellung der Lokomotiven sowie Anlagen für kleinere Wagenreparaturen.

Jeder Güterzug, der einen Rangierbahnhof anfährt, trifft in einem Gleis der Einfahrgruppe ein. Die Lokomotive wird abgekuppelt und fährt in der Regel zum Bahnbetriebswerk weiter, das dem Rangierbahnhof angegliedert oder zugeordnet ist. Bevor der eigentliche Rangiervorgang beginnen kann, müssen die nötigen Daten festgestellt werden. Jeder einzelne Wagen eines Güterzuges trägt sie in einem „Zettelkasten" bei sich. Neben Hinweiszetteln auf Besonderheiten der Ladung, etwa auf leicht verderbliche Güter wie Frischobst, Gemüse oder Fisch, enthält der Zettelkasten vor allem den „Wagenzettel" mit Angabe von Versand- und Zielbahnhof, sowie Sondervorschriften wie „Eilgut", „Vorsichtig rangieren" oder „Wagen unter Zollverschluß".

Diese Daten werden, soweit sie auf den Rangierbetrieb Einfluß haben, nach Ankunft jedes Zuges von einem „Wagenaufschreiber" registriert und – in den größeren Rangierbahnhöfen – über Fernsprecher oder Funk der Reihe nach einer zentralen Fernschreibstelle mitgeteilt. Sie faßt die Angaben – vor allem Wagenziel, besondere Rangiervorschriften, Angaben über zusammengehörende Wagengruppen sowie Unterscheidung zwischen leeren und beladenen Wagen – in einem einheitlichen „Rangierzettel" zusammen, der über Fernschreiber unverzüglich an die beteiligten Stellen des Rangierbahnhofes übermittelt wird. Dazu gehören vor allem das Stellwerk, der Bergmeister am Ablaufberg, der Bediener der Gleisbremsen und die Hemmschuhleger in den Richtungsgleisen.

Anhand des Rangierzettels läuft der weitere Betrieb ab: eine Lokomotive setzt sich ans Ende des Zuges, drückt ihn über einen künstlich angelegten kleinen Berg, den „Eselsrücken", von dem aus die Wagen nach Entkuppeln selbst bergab weiterrollen. Am Fuß des Ablaufberges verzweigt sich das Berggleis in eine breite Gleisharfe, in der jedem Gleis eine bestimmte Richtung oder ein festes Ziel zugeordnet ist. Durch Umstellen der Weichen vor den abrollenden Wagen oder Wagengruppen können sie in das ihrem Ziel entsprechende Richtungsgleis gelenkt werden. Sobald sich genügend Wagen für eine Relation angesammelt haben oder die Abfahrzeit des nächsten planmäßigen Güterzuges herangerückt ist, werden die Wagen gekuppelt und aus dem Richtungsgleis in die Ausfahrgruppe vorgezogen. Hier erfolgt dann die vorgeschriebene Überprüfung der Bremsen, das Ankuppeln der Lokomotive und die Ausfahrt auf die Strecke.

Am Fuße des Ablaufberges verzweigt sich das Berggleis zu einer breiten Gleisharfe.

Zum Abdrücken der Güterzüge über den „Eselsrücken" setzt die Bundesbahn in kleineren Anlagen die Diesellokomotiven 260 und 261, auf allen größeren Rangierbahnhöfen die Baureihe 290 ein. Durch besondere Abdrücksignale, die längs der Gleise an hohen

Der Wagenaufschreiber erstellt die Grundlagen für den Rangierzettel.

Masten angebracht sind, erhält der Lokomotivführer den Auftrag, langsam oder schneller abzudrücken beziehungsweise anzuhalten. Alle moderneren Anlagen sind jedoch bereits mit Rangierfunk ausgerüstet, so daß der im Mittelpunkt des Ablaufgeschehens eingeschaltete Bergmeister die Anweisungen direkt an den Lokführer geben kann.
Folgen in einem Güterzug Wagen mit unterschiedlichen Zielen aufeinander, so müssen sie einzeln über den „Eselsrücken“ rollen. Wagen mit gleicher Richtung dagegen können gekuppelt bleiben und gemeinsam ablaufen.
Von nun an bestimmen im wesentlichen zwei Aufgabenstellungen die weiteren Betriebsvorgänge. Zunächst müssen für jeden Ablauf die Weichen in die richtige Lage gestellt werden; bei großen Rangierbahnhöfen mit fünfzig Richtungsgleisen eine keineswegs einfache Aufgabe. Zum zweiten sollen die Wagen in den Richtungsgleisen nach Möglichkeit gerade so weit rollen, daß sie mit den bereits zum Stehen gekommenen Wagen ohne weiteres gekuppelt werden können. Auch damit sind zahlreiche Probleme verbunden; denn abhängig vom Gewicht, von der Laufgüte und einer Reihe weiterer Einflüsse erreicht jeder Wagen im Gefälle des „Eselsrückens“ ein anderes Tempo. Außerdem sind die Richtungsgleise meist unterschiedlich gefüllt, so daß ein Wagen weit, ein anderer nur ein kurzes Stück zu rollen hat.
Lediglich in alten Anlagen, die in absehbarer Zeit stillgelegt werden, müssen die Weichen im Stellwerk noch mit der Hand durch Umlegen von Hebeln oder Drehschaltern bedient werden. Große Geschicklichkeit und viel Erfahrung gehören dazu; denn die Wagen rollen rasch nacheinander, und keine Weiche darf zu früh oder zu spät umlaufen. In modern ausgerüsteten Rangierbahnhöfen übernimmt eine Ablaufautomatik die Weichenstellung. Anhand der Angaben im Rangierzettel tastet der Weichenwärter die Gleisnummern ein, die der Reihe nach den Laufzielen der einzelnen Wagen und Wagengruppen entsprechen. Sobald eine Weiche nach einem Ablauf wieder frei ist, kann sie sich automatisch für den nächsten in die richtige Lage stellen. Neuerdings ersetzt das Eintasten der Gleisnummern ein Lochstreifen, der zusammen mit dem Rangierzettel vom Fernschreiber im Stellwerk ausgegeben wird. Er enthält die gleichen Angaben in Codeform und programmiert über ein kleines Eingabegerät den Ablaufspeicher unmittelbar. Das erste Stellwerk, dessen Speicher aus elektronischen Bauteilen aufgebaut ist, wurde vor einiger Zeit in Frankfurt (Main) in Betrieb genommen.
Schwerer und nur mit erheblich höherem Aufwand lösbar ist die Aufgabe, in den Richtungsgleisen jeden Wagen kuppelreif an die übrigen heranzuführen. Einerseits darf die

Im „Zettelkasten“ trägt jeder Wagen seine „Visitenkarte“ mit Herkunfts- und Zielort bei sich.

Nur für Übergangszettel
01 RIV-EUROP
80 DB
DB

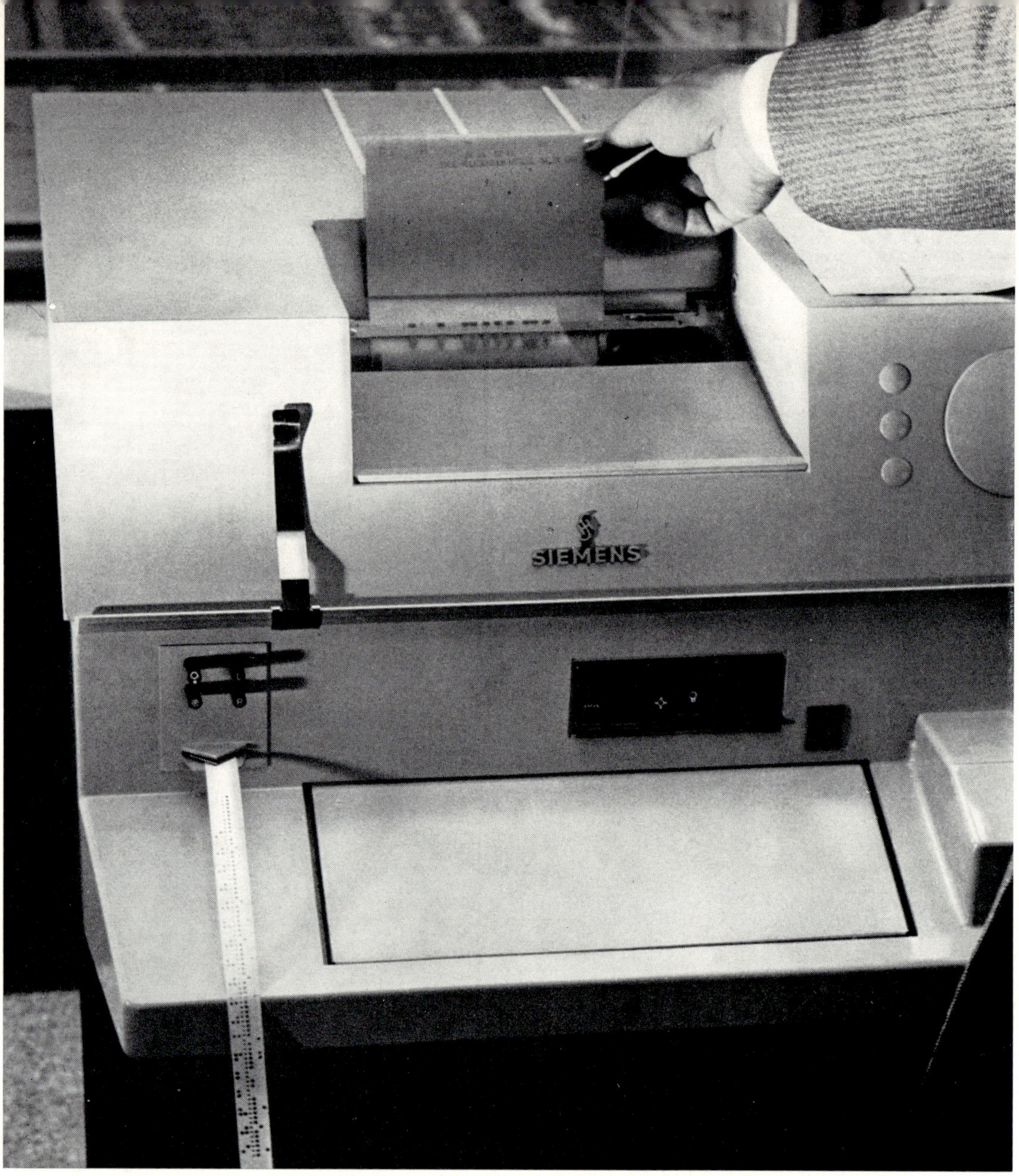

Über Fernschreiber erreicht der Rangierzettel das Stellwerk; der gleichzeitig ausgegebene Lochstreifen dient zur Programmierung des Ablaufspeichers.

Ablaufstelltisch im Stellwerk eines großen Rangierbahnhofes.

Rechts:
Die steckbaren Einschübe mit den elektronischen Bauteilen des Ablaufspeichers (rechts) im ersten elektronischen Stellwerk der Bundesbahn: Frankfurt Hauptgüterbahnhof.

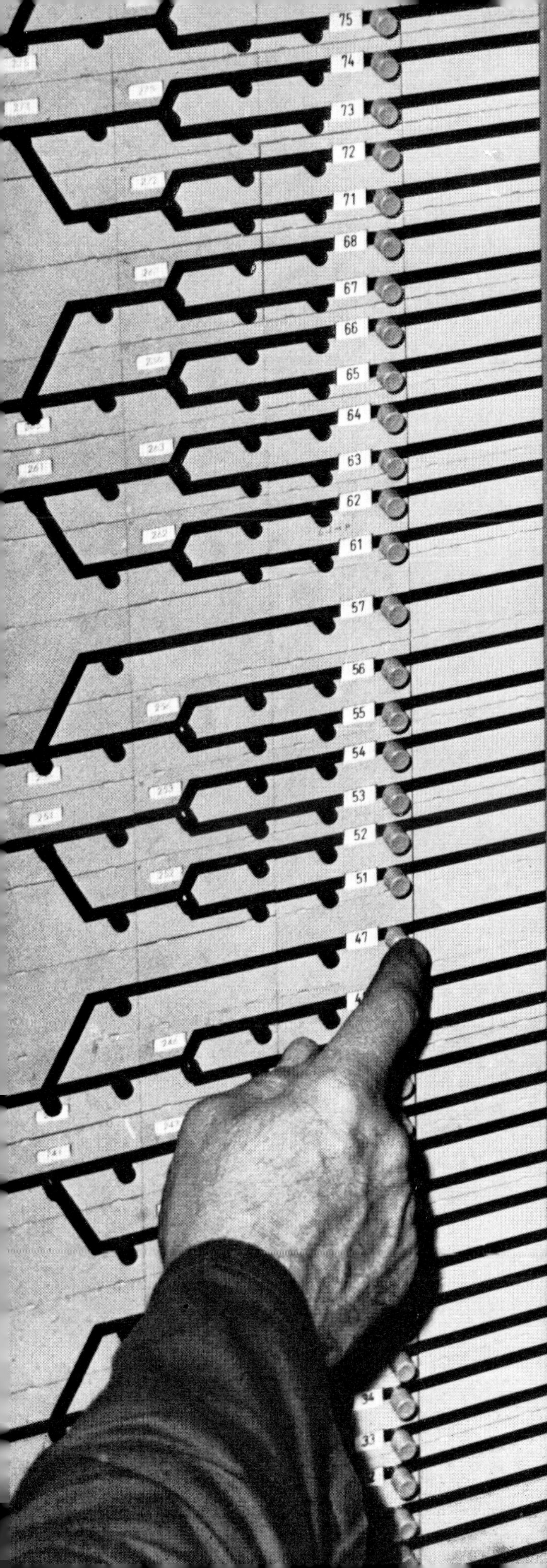
75
74
73
72
71
68
67
66
65
64
63
62
61
57
56
55
54
53
52
51
47
34
33

Aufprallgeschwindigkeit anderthalb Meter je Sekunde nicht überschreiten, um das Ladegut nicht zu gefährden, andererseits dürfen die Wagen auch keine Lücken bilden, weil sonst erst eine Lokomotive zum „Beidrücken“ in das Richtungsgleis fahren muß.
Am Fuß des Ablaufberges sind deshalb „Gleisbremsen“ eingebaut, die den abrollenden Wagen verzögern. Die Bremswirkung hängt vom Wagengewicht und seiner Geschwindigkeit vor der Bremse ab. Beide Werte müssen jeweils gemessen und der elektronischen Bremsensteuerung zugeführt werden. Sobald der Wagen genügend gebremst ist, löst der „Bremser“ im Stellwerk durch Tastendruck die Bremse aus. Die menschliche Erfahrung muß dabei noch all die technisch schwer erfaßbaren Werte berücksichtigen, insbesondere den Belegungsgrad des betreffenden Richtungsgleises sowie Länge und Krümmung des Ablaufweges. Daher lassen diese Gleisbremsen am Fuß des Ablaufberges kein hinreichend genaues Bemessen der für kuppelreifes Weiterrollen nötigen Auslaufgeschwindigkeit zu. In der Richtungsgruppe muß deshalb eine ganze Mannschaft von Hemmschuhlegern zu schnell rollende Wagen rechtzeitig stoppen, um scharfes Aufprallen zu verhindern.
Auch das Kuppeln der Wagen geschieht heute noch nach der althergebrachten Methode mit Schraubenkupplungen. Bis zu 800 000mal täglich müssen bei der Bundesbahn auf diese Weise Fahrzeuge von Hand an- oder abgekuppelt werden, wobei die Zugeinrichtung und die Schläuche für die Druckluftbremse getrennt zu behandeln sind.

Rechts:
Funkgesteuerte Abdrücklokomotive, Baureihe 290, vom Bergmeister ferngesteuert.

Seite 168/169:
Kesselwagen durchläuft eine elektronisch gesteuerte Talbremse.

Unten:
Rangierfunk.

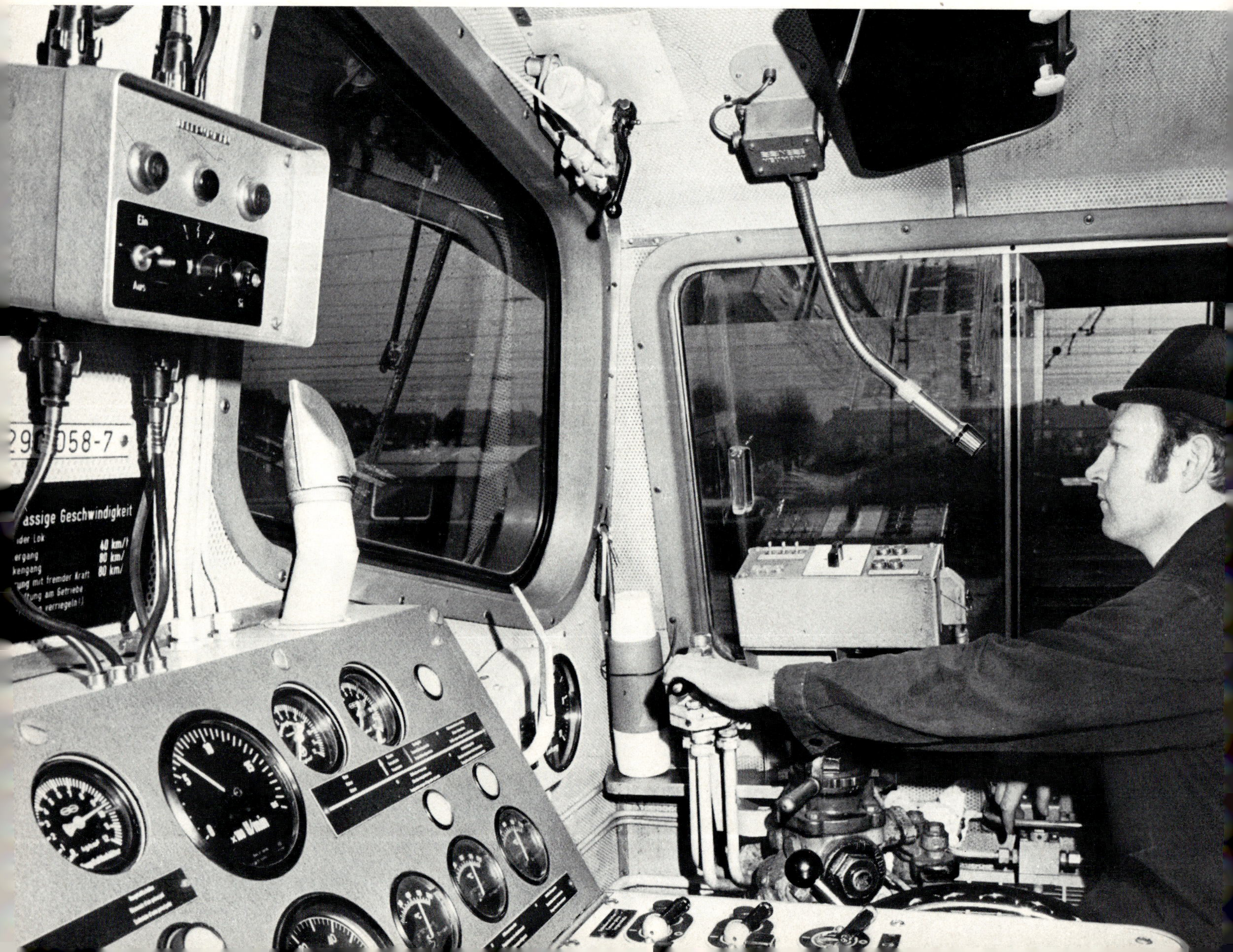

290 056-1
DB
BBC
BBC
Lok 2 Nr. 29

Abstossen und Abrollen verboten!

Spuk im Geisterbahnhof

Links:
„Bremser" im Stellwerk: durch Tastendruck löst er die Bremse im richtigen Moment aus.

In Zukunft sollen sich die Rangierbahnhöfe mit einem Minimum an menschlicher Arbeitskraft nahezu vollautomatisch steuern lassen. Teile dieser Automatik, das Ablaufstellwerk oder die Gleisbremsensteuerung, gehören schon heute zur Standardausrüstung moderner Rangierbahnhöfe. Zwar sind dem völlig selbständigen Spiel der Technik noch Grenzen gesetzt, doch die Weichen für den „Spuk im Geisterbahnhof", in dem jeder Wagen wie von unsichtbarer Hand geführt, genau sein Ziel erreicht, sind bereits gestellt.
Als erster „Geisterbahnhof" ist der Rangierbahnhof Seelze bei Hannover für die Versuche auf der „Kybernetischen Insel" mit Computersteuerung ausgerüstet worden.
Der Wagenaufschreiber, der in jedem Rangierbahnhof von neuem die Daten der einzelnen Wagen aufnehmen und weiterleiten muß, wird im „Geisterbahnhof" durch den Datenspeicher eines Computers abgelöst. Schon bei der Abfertigung eines Güterwagens im Versandbahnhof werden dem Elektronenrechner alle unterwegs benötigten Informationen über den Wagen mitgeteilt. Der Datenspeicher „merkt" sie sich. An allen wichtigen Verzweigungsstellen senden die Achsen jedes Wagens ein Signal zum Rechner, der damit die einzelnen Wagen Abschnitt für Abschnitt in ihrem Laufweg verfolgt und so bei der Bildung eines neuen Güterzuges auch die Daten der Wagen bereits „zur Hand" hat. Automatisch werden sie dem Rechner des nächsten Rangierbahnhofes übermittelt, wo sie nicht nur den Wagenaufschreiber überflüssig machen, sondern auch schon lange vor dem Eintreffen des Güterzuges selbst dispositive Entscheidungen ermöglichen.
Die Abdrücklokomotive steuert kein Lokomotivführer mehr, sondern der Bergmeister unmittelbar. Er braucht nur einen kleinen Drehknopf seines Arbeitspultes zu bedienen, um die Lokomotive über Funkfernsteuerung schneller oder langsamer fahren zu lassen. Im Geisterbahnhof der Zukunft können sogar diese Kommandos vom Computer an die Lokomotive gegeben werden.
Die am Fuße des Ablaufberges liegenden Gleisbremsen, auch „Talbremsen" genannt, arbeiten in Zukunft mit weiteren Bremsen in den Richtungsgleisen, den „Richtungsgleisbremsen", zusammen. Dabei werden die Talbremsen elektronisch so gesteuert, daß die Wagen mit etwa gleicher Geschwindigkeit die Richtungsgleisbremse am Anfang jedes Richtungsgleises erreichen. Die hierfür erforderliche Auslaufgeschwindigkeit aus

Automatische Kupplung, zur Einführung in Europa vorgesehen.

der Talbremse ermittelt die Elektronik aus dem Geschwindigkeitsmeßwert vor der Bremse, der ein brauchbares Maß für die von vielen Faktoren abhängigen Laufeigenschaften des Wagens darstellt, sowie aus dem für jeden Laufweg bekannten Widerstand, den der Wagen bis zur Richtungsgleisbremse zu überwinden hat und der in erster Linie von der Länge der Wegstrecke sowie den Gleiskrümmungen bestimmt ist. Um die Wagen „kuppelreif beizudrücken“, greifen kleine Mitnehmer hinter die Räder und schieben die Wagen so lange weiter, bis sie die übrigen erreicht haben.

Die europäischen Eisenbahnen in Ost und West wollen 1976 die automatische Kupplung einführen. Beim Aneinanderstoßen der Fahrzeuge kuppeln sich die Wagen dann selbsttätig, wobei auch gleichzeitig Brems- und Steuerleitungen mit verbunden werden. Die gefährliche Arbeit der Hemmschuhleger wird dann der Vergangenheit angehören. Bei der Deutschen Bundesbahn sind allein rund 300000 Güterwagen, 20000 Reisewagen und 8000 Lokomotiven für die neue Kupplung vorzubereiten und bei Einführung, die international für 1976 vereinbart ist, umzubauen.

Funkgesteuerte Bremsprüfung.

Schon heute erfolgt auf einigen Rangierbahnhöfen die vor Abfahrt der neu gebildeten Güterzüge erforderliche Bremsprüfung mit Funkfernsteuerung. Das Druckluftsystem des Zuges wird dabei an eine stationäre Anlage angeschlossen. Der prüfende Wagenmeister kann mit einem kleinen Funkgerät von jeder Stelle des Zuges aus die Bremsen anlegen und lösen lassen und ihre einwandfreie Funktion dabei kontrollieren.

Die Automation im Betrieb erfordert auch die automatische Erkennung heißgelaufener Achslager. Hierzu sind im Netz der Bundesbahn rund hundert „Heißläufer-Ortungsgeräte“ eingebaut, die mit Infrarot-Detektoren arbeiten und Wagen mit heißgelaufenen Achsen dem nächsten Bahnhof selbsttätig vormelden.

Künftig sollen alle Lokomotiven der Bundesbahn mit Funktelefon ausgerüstet werden, um zwischen den fahrenden Zügen und den Betriebsstellen ständige Verbindung herzustellen.

Mitnehmer einer Beidruckeinrichtung im Rangierbahnhof Duisburg-Wedau.

Rechts unten: Heißläufer-Ortungsgerät: meldet heißgelaufene Achsen automatisch.

LüP 11,0m

118 045-4

Hinter den Kulissen

Mit Recht kümmern sich die meisten Fahrgäste nur wenig darum, wie die Eisenbahn ihre Züge sicher, pünktlich und dem Fahrplan entsprechend ans Ziel bringt. Und gerade darin liegt einer der unbestrittenen Vorzüge der Eisenbahn: ohne mit der eigenen Aufmerksamkeit sein Geschick beeinflussen zu müssen, kann sich der Fahrgast hier völlig unbekümmert dem Genuß des Reisens hingeben.

Dennoch tut sich vom Abteilfenster aus hin und wieder der Blick „hinter die Kulissen" auf und läßt erahnen, was alles zu bedenken, zu berücksichtigen, zu tun und vorzubereiten ist, um das so vielfältig verzahnte Getriebe der Eisenbahn ständig in Funktion zu halten. Da muß für jeden Zug beizeiten die vorgesehene Lokomotive bereitstehen, Lokomotivführer und Zugbegleiter dürfen nicht zu spät kommen, die Reinigungskolonnen haben für saubere Abteile, geputzte Fenster und auch äußerlich gepflegte Wagen zu sorgen, der Lokführer auf der Diesellokomotive darf nicht vergessen zu tanken, die Fahrpläne müssen immer wieder den geänderten Verhältnissen angepaßt, rechtzeitig international vereinbart und mit den Bedürfnissen des inländischen Verkehrs abgestimmt werden. Lange bevor die kalte Jahreszeit einsetzt, gilt es umfangreiche Vorbereitungen zu treffen, damit der Zugverkehr auch bei Schnee und Eis unbehindert weiterrollen kann.

Hinter den Kulissen wird aber auch für die Zukunft geplant, werden langfristige Entwicklungen beobachtet, werden Folgerungen für weit nach vorn greifende Entscheidungen gezogen. Die Deutsche Bundesbahn bildet einen der größten Auftraggeber für Wirtschaft und Industrie der Bundesrepublik. Ihre Investitionen vermögen das Wirtschaftsleben tief zu beeinflussen. Jede Entscheidung auf dieser Ebene bedarf sorgfältigen Abwägens.

Neben der Rücksicht nach außen, gilt es Bedacht auf die inneren Erfordernisse zu nehmen. Eisenbahnbedarf läßt sich nicht „über den Ladentisch" decken. Lokomotiven und Wagen, Stellwerke und Gleisanlagen, neue Bauwerke und Betriebseinrichtungen erfordern langfristige Planung, neben dem technischen auch den unternehmerischen Weitblick. Höchste Bedeutung kommt der Personalpolitik zu, die freilich nicht nur von innen heraus, sondern auch von äußeren Einflüssen bestimmt wird. Eisenbahnen in so dicht besiedelten Gebieten wie der Bundesrepublik haben hohen Personalaufwand. Rund zwei Drittel der Bundesbahn-Ausgaben entfallen auf Personalkosten. Jede Lohnerhöhung schlägt sich in Hundert-Millionen-Beträgen nieder, ohne daß gleichzeitig die Einnahmen steigen. Wie im industriellen Bereich kann nur Automation einen Ausgleich schaffen. Auch das Maß, in dem die Leistungen der Eisenbahn in Anspruch genommen werden, kann sich rasch ändern. Erst in jüngster Zeit hat die Verkehrspolitik der Bundesregierung die jahrelange Abwanderung von Gütern auf die Straße gestoppt und der Eisenbahn mit einem Schlag hohe zusätzliche Transportmengen zugeführt. War viele Jahre lang die Verminderung des Mitarbeiterbestandes Maß für die Beurteilung des Unternehmenserfolges, so liegt er nun in der Werbung jeder neuen Arbeitskraft. Hinzu kommt gerade bei der Eisenbahn mit ihrem hohen Anteil an „fahrendem Personal" die Notwendigkeit für besondere soziale Betreuung.

Er sorgt für klaren Blick.

Der Wettbewerb mit Auto und Flugzeug, mit Straßengüterverkehr und Binnenschifffahrt zwingt zu ständiger Beobachtung des Marktes, zur Erforschung der Marktchancen, zur Erschließung neuer Einnahmequellen. Beweglichkeit und Anpassungsfähigkeit an die Belange der Partner im Güterverkehr gehören ebenso dazu wie etwa die so populären und erfolgreichen „Sonderangebote“ der letzten Jahre für jeweils bestimmte Kreise der Bevölkerung.
Nicht zu vergessen ist schließlich das bei der Größe des Unternehmens überaus umfangreiche Volumen betriebsinterner Rechenaufgaben von der Lohn- und Gehaltsabrechnung für etwa 400 000 Mitarbeiter über die Verwaltung der unzähligen Ersatzteile für Fahrzeuge und Anlagen bis hin zu den Statistiken, die wiederum als Grundlage der Zukunftsentscheidungen dienen. All dies bewältigt bei der Bundesbahn neben einer Vielzahl kommerzieller und technisch-wissenschaftlicher Aufgaben schon heute die Großrechenanlage in Frankfurt (Main), eines der größten und am stärksten ausgelasteten Rechenzentren Europas, zusammen mit weiteren Computern auf Bezirksebene. So mag für den Fahrgast das Unternehmen Eisenbahn einem Eisberg gleichen, dessen Spitze zwar markant hervortritt, dessen weitaus größter Teil dem Auge dennoch verborgen bleibt.

200 Millionen für Sauberkeit

Tag für Tag muß die Bundesbahn mehr als eine halbe Million Mark aufwenden, um ihre Bahnhöfe, Fahrzeuge und Anlagen sauberzuhalten. Nahezu 8000 Eisenbahner sind allein mit der Außen- und Innenreinigung des Reisewagenparkes beschäftigt. Rund 200 Dienstfrauen sorgen in den Schnellzügen während der Fahrt für saubere Toiletten, wischen Staub und putzen beim Aufenthalt unterwegs Türklinken und Haltegriffe. Millionen kosten die Bundesbahn auch die schlechten Manieren mancher Fahrgäste, die bedenkenlos ihre Abfälle von der Bierdose bis zur Tageszeitung auf Bahnsteige und Gleise werfen. Allein im Frankfurter Hauptbahnhof hinterlassen die Reisenden täglich rund zwanzig Kubikmeter Müll.
200 Millionen Mark opfert die Bundesbahn jährlich für ihre eigene Sauberkeit. Mehr als die Hälfte davon bezahlt sie den sieben- bis achttausend Wagenputzern, die den Fahrzeugpark der Nahverkehrszüge, der Eil- und Schnellzüge bis hin zu den komfortablen Trans-Europ-Express-Zügen stets innen und außen auf Hochglanz halten müssen. Dabei erfordert die Außenpflege heute weniger als fünfzehn Prozent des Reinigungspersonals, da über fünfzig automatische Waschanlagen die glatten Außenflächen der Wagen weitgehend ohne menschliches Zutun regelmäßig schrubben. Dagegen erfordert die Sauberkeit im Inneren der Züge gewissenhafte Handarbeit. Zwar hilft auch hier moderne Technik. Doch der Mensch muß die Geräte vom Großstaubsauger bis zum Schaumreiniger bedienen, muß sie zweckmäßig einsetzen, muß darauf achten, daß sie gründlich genug gearbeitet haben. So sind 85 Prozent der Wagenpfleger mit der Innenreinigung beschäftigt.
Mancher Wagen kommt von der Reise in geradezu hoffnungslos scheinendem Zustand zum Saubermachen. Obstabfälle, Flaschen und Dosen, Tüten und Schachteln, Zeitungen und Illustrierte sind als wertloses Strandgut auf, über und unter den Sitzen, in Gängen und Abteilen zurückgeblieben. Jeder Fernzug rollt deshalb vor der nächsten Fahrt zunächst ins Betriebswagenwerk, dem die nötigen „Waffen“ gegen Schmutz und Unrat zur Verfügung stehen.

Große Wäsche.

DB
103 109-5

Auch auf den Bahnhöfen muß die Bundesbahn für die Achtlosigkeit der Menschen teures Geld bezahlen. Obwohl der nächste Abfallkorb oft nur einen Schritt entfernt ist, fliegen leere Zigarettenschachteln, die Pappteller vom Würstchenstand, ausgetrunkene Becher und Dosen, ja ganze Zeitungen einfach vom Bahnsteig auf die Gleise. Würde all dieser Unrat nicht Tag für Tag wieder aufgelesen, Deutschlands Bahnhöfe glichen in wenigen Tagen dem Müllabladeplatz einer Großstadt. Nahezu 150 Abfallbehälter und Papierkörbe stehen allein auf dem Frankfurter Hauptbahnhof. Dreimal täglich werden sie geleert. Dennoch kehren und lesen die Reinigungstrupps einen großen Teil der zwanzig Kubikmeter Unrat täglich von Bahnsteigen und Gleisen zusammen.
Riesige Summen verschlingt auch die Sauberhaltung der großen Glasflächen in den Bahnhofshallen. So kostet das regelmäßige Putzen der Glasfassaden am Münchner Hauptbahnhof jährlich weit über 50 000 Mark. Für die Straßenreinigung rund um den Bahnhof muß die Bundesbahn nahezu 10 000 Mark jährlich ansetzen.
Geld für Sauberkeit steckt in unzähligen weiteren Ausgabeposten. Lokomotiven bedürfen regelmäßiger „Wäsche“, Güterwagen häufiger Innenreinigung, Betriebs- und Verwaltungsgebäude erfordern ein Heer fleißiger Raumpflegerinnen, sogar an die Signale müssen von Zeit zu Zeit geschickte Putzer säubernde Hand anlegen. Der Glanz an den weinroten Bahnbussen, die heute vor allem die alte Kleinbahn ersetzen, verschlingt rund vier Millionen Mark jährlich, wogegen sich die Kosten fürs „Klarschiffmachen“ bei den Bundesbahnflotten noch verhältnismäßig bescheiden ausnehmen.

Vor großer Fahrt

Wenn eine Lokomotive an den Bahnsteig rollt, um sich behutsam vor den Zug zu setzen, hat der Mann auf dem Führerstand meist schon einen gehörigen Teil seines Dienstes hinter sich. Oft genug beginnt er mitten in der Nacht. Irgendwo draußen im Bahnbetriebswerk, der „Kundendienststation“ für die Lokomotiven, meldet sich der Lokführer zum Dienstantritt. Am Schalterfenster der „Lokleitung“ erhält er seinen Auftrag, übernimmt die nötigen Unterlagen, vor allem aber die Schlüssel zu der Lokomotive, die inzwischen in der großen Fahrzeughalle überprüft wird oder zwischen zwei Fahrten nur für kurze Zeit abgestellt ist. Vor dem Gang zur Lok sind noch die Anweisungen zur Kenntnis zu nehmen, die über Besonderheiten im Betrieb informieren.
Bis eine elektrische Lokomotive in Betrieb gesetzt ist, vergeht eine ganze Weile. Zahlreiche Überprüfungen und Vorbereitungen, unter dem Begriff „Aufrüsten“ zusammengefaßt, sind vorher zu erledigen. Dazu gehören Einschaltung und Funktionsprüfung der Bremseinrichtung, Kontrolle des Ladezustandes der für Licht und Steuerstrom nötigen Fahrzeugbatterie, Vorbereitung des „Fahrtenschreibers“, der über die induktive Zugsicherung den Fahrtverlauf registriert, dazu gehört aber auch ein Gang rund um die Lok herum mit Überprüfung der äußeren Teile durch Augenschein sowie die Feststellung, ob alle vorgeschriebenen Ausrüstungsteile vom Feuerlöscher bis zum Verbandskasten, von den Signalmitteln bis zur Erdungsstange vollzählig vorhanden sind.
Für Diesellokomotiven stehen bei der Bundesbahn nahezu tausend Tankanlagen zur Verfügung, um die Kraftstoffreserven immer wieder aufzufüllen, aber auch Heizöl zur Dampferzeugung für die Zugheizung nachzufassen.
Auf dem Weg vom Betriebswerk zum Zuge befährt jede Lokomotive schließlich eine Prüfstrecke, auf der die Sicherungseinrichtungen – Indusi und Sifa – getestet werden. Erst dann kann die Lok im wahren Sinn des Wortes gut „gerüstet“ zur großen Fahrt starten.

Dienstantritt und Schlüsselübergabe bei der Lokleitung.

TEE-Dieseltriebwagen vor dem Start: erst an die Tankstelle.

In wenigen Jahren:
Telefon
auf allen Lokomotiven.

Fahrplanwechsel

Zweimal im Jahr ändern sich die Fahrpläne der Eisenbahn: zu Beginn der Sommerreisezeit – meist Ende Mai – und im September, wenn der Winter bevorsteht. Der Sommerfahrplan zeichnet die große Linie vor und heißt deshalb auch „Jahresfahrplan", während im Winterabschnitt nur geringfügige Änderungen eintreten. Die Saisonzüge des Sommers verschwinden, die für den Wintersport erscheinen neu.
Die Vorbereitungen für den Jahresfahrplan dauern mehr als zwölf Monate. Sie beginnen bei allen Eisenbahnen lange vor der Europäischen Fahrplan-Konferenz, auf der zunächst die internationalen Fernverbindungen vereinbart und festgelegt werden.
Im Herbst lösen dann Besprechungen und Konferenzen mit den Gremien von Industrie, Handel und Wirtschaft einander ab, folgt Sitzung auf Sitzung in den für die Fahrplanbearbeitung zuständigen Büros der Bundesbahn. Schon im Januar liegt der erste Entwurf der neuen Fahrpläne, die Ende Mai wirksam werden sollen, gedruckt vor.
Als Arbeitsunterlage für die Fahrplanexperten dienen freilich völlig andere Darstellungen: die „Bildfahrpläne". Auf diesen langen Papierbahnen ist jeder einzelne Zug durch eine Linie dargestellt, die schräg durch ein Koordinatensystem aus Zeit und Weg gelegt ist. Darauf lassen sich mit einem Blick zahlreiche Einzelheiten erkennen, die im gedruckten Fahrplan nur mühsam festzustellen wären. Zum Beispiel Kreuzungs- und Überholungsbahnhöfe, Anschlußverbindungen, größere Zugpausen und vieles andere. Ihre Übersichtlichkeit hat die graphischen Fahrpläne zu den geeignetsten Planungsunterlagen werden lassen. Dabei müssen die Fachleute in ständigem gegenseitigen Einvernehmen jede Einzelheit besprechen, die technischen Gegebenheiten berücksichtigen, Anschlüsse sichern, Kurswagenverbindungen einplanen und obendrein die vielfältigen

Oberste Richtschnur bei der Fahrplan-Planung: Pünktlichkeit.

Interessen der Wirtschaft, des Fremdenverkehrs und der zahlreichen anderen Organisationen in Einklang zu bringen versuchen.
Doch sie unterliegen dem Zwang zu Kompromissen schon deshalb, weil sich die Fahrzeiten der Züge nicht nach Belieben manipulieren lassen. Wie lange ein Zug braucht, um mit einer bestimmten Lokomotive und einer bestimmten Zuglast einen bestimmten Streckenabschnitt zu bewältigen, ergibt sich genau aus einer Reihe feststehender Faktoren. Diese Fahrzeitwerte liefern die maschinentechnischen Stellen den Fahrplanbüros als Grenzwerte. Mit dem Conzen-Ott-Gerät, einer kleinen feinmechanischen Präzisionsmaschine, müssen diese Werte für alle vorkommenden Fälle und jede Strecke vor Ausarbeitung der Einzelpläne ermittelt werden.
Hochbetrieb herrscht Monate vor jedem Fahrplanwechsel auch in den Druckereien, in denen die Kursbücher mit den fertigen Fahrplanangaben hergestellt werden. Die Hauptarbeit entfällt auf die Korrektur der unzähligen Ziffern und Buchstaben, die sich gegenüber der vorigen Kursbuch-Ausgabe geändert haben. Das aus einzelnen Lettern zusammengefügte „Kursbuch aus Metall“ – der „Satz“, wie der Fachmann sagt – bleibt von einer Fahrplanperiode bis zur nächsten „stehen“, wird sorgfältig aufbewahrt; denn der allgemeine Rahmen läßt sich immer wieder verwenden. Auch die weiteren Arbeiten, von der mehrfachen sorgfältigen Korrektur bis zum Herstellen der Druckplatten, vom Binden und Beschneiden der Bücher bis zum Verkauf am Schalter, laufen „nach Fahrplan“ ab. Zwei Wochen vor dem Fahrplanwechsel müssen die neuen Kursbücher vorliegen. Sie übertreffen mit ihren schätzungsweise elfeinhalb Millionen Zahlen und Zeichen jeden in der Bestsellerliste erscheinenden Titel. Dabei gehört das 1250 Seiten starke Amtliche Kursbuch zu den wenigen „Werken“, die billiger verkauft werden, als der Verleger sie herstellen kann: für die bescheidene „Schutzgebühr“ von nur fünf Mark.

Der „Bildfahrplan“ dient zur Festlegung der Fahrpläne und als übersichtliche Arbeitsunterlage.

Alle reden vom Wetter...

Mit dem Conzen-Ott-Gerät werden die Zeiten ermittelt, die zum Durchfahren einer Strecke mit bestimmter Zuglast und den verschiedenen Lokomotiv-Baureihen nötig sind.

Druck der Kursbuchseiten in einem graphischen Großbetrieb.

Seite 184/185: Hochleistungs-Schneeschleuder räumt die Bahnhofsgleise in Kempten (Allgäu).

... die Eisenbahn handelt danach. Auch so läßt sich der vielzitierte Slogan der Bundesbahn interpretieren. Denn wenn der Hochsommer beginnt und die großen Ferien kommen, wenn der Sturm auf die Urlaubszüge anbricht und die Quecksilbersäule zu den höchsten Werten klettert, steht das Thema Winter noch immer oder schon wieder auf dem Arbeitsprogramm.

Im Frühjahr, wenn der letzte Frost aus dem Boden gewichen ist, beginnt das große Zusammentragen der Erfahrungen aus der letzten Kälteperiode. Jede schlechte Erfahrung liefert eine gute Erkenntnis, und die Bundesbahn nützt die Zeit bis zum Herbst, ihr nach Möglichkeit Geltung zu verschaffen. Anfang Oktober müssen die Vorbereitungen für den nächsten Winter getroffen sein, damit auch ein früher Kälteeinbruch die Eisenbahn nie unvorbereitet trifft.

Jedem durchschnittlichen Schneefall kann die Bundesbahn gelassen zusehen. Mehr als 13000 Weichen, die neuralgischen Punkte im Winter, lassen sich heute automatisch heizen. Durch elektrischen Strom, durch propangasgespeiste Flammen oder durch Dampf werden die beweglichen Teile warm gehalten, so daß Schnee und Eis auch bei tiefen Temperaturen rasch tauen. Ein Knopfdruck genügt, um die Weichenheizung einzuschalten. Vielfach übernimmt sogar eine Automatik diesen Vorgang: die ersten Schneeflocken lassen sie ansprechen, wenn die Temperatur auf den Gefrierpunkt oder darunter abgesunken ist. Nur bei hoher Schneelage, wenn jeder Zug durch seinen Fahrtwind eine wahre Lawine aufwirbelt und mit sich zieht, müssen Räumkommandos die Weichen schneller wieder freilegen, als die Heizung es schaffen würde.

Wenig Schwierigkeiten bringt der Winter für die Züge auf freier Strecke. In schneereichen Gebieten tragen die Lokomotiven kleine Räumscharen vor der ersten Achse und schleudern damit neugefallenen Schnee immer wieder zur Seite. Erst wenn sich in und seitlich neben den Gleisen das Profil der Fahrzeuge abzuzeichnen beginnt, muß der Schneepflug die Strecke befahren.

Wenn in Katastrophenwintern das Ausmaß der Naturgewalten in dem Superlativ gipfelt, daß sogar Züge im Schnee stecken blieben, so liegt die Ursache kaum unmittelbar in heftigem Schneefall als vielmehr im Zusammentreffen von Frost, Sturm und lockerem Schnee. Der Wind fegt ihn mit hoher Geschwindigkeit flach über das Land und füllt dabei in kurzer Zeit Einschnitte im Gelände völlig auf. Dort, wo die Gleise der Eisenbahn durch solche Einschnitte führen, können sich in wenigen Stunden meterhohe Schneemauern auftürmen, während meist die anschließenden Bahndämme völlig schneefrei sind. Gegen solche Verwehungen sind selbst die schweren Schienenschneepflüge – nach ihrem Erfinder „Klima-Schneepflüge“ genannt – vielfach machtlos, weil die Schneemassen nicht mehr zur Seite geschleudert werden können, sondern sich festpressen und so erst recht nicht mehr zu bewältigen sind. Dafür hält die Bundesbahn moderne Hochleistungs-Schneeschleudern bereit, die mit rotierenden Schleuderrädern selbst mehrere Meter hohe Schneemauern durchzufräsen vermögen.

Schaufel und Besen nehmen in der „Taktik“ gegen den Winter nur noch einen bescheidenen Platz bei der Bundesbahn ein; allein schon deshalb, weil immer weniger Arbeitskräfte für den Wintereinsatz zur Verfügung stehen. Auch Bahnsteige, Laderampen und Zufahrtswege werden mit einem vielfältigen Park leistungsfähiger Räumgeräte freigehalten, die zum Teil sogar auf Straße und Schiene gleichermaßen einsatzfähig sind. So ist die Bundesbahn gegen die Tücken des Winters gut gerüstet. Was er ihr gelegentlich abzutrotzen vermag, ist ein wenig Zeit, sind ein paar Minuten Verspätung. Sicherheit und Tempo dagegen leiden nicht.

VTG
Hamburg
Ladegut
072 0 122-9

Klima-Schneepflug auf der Mittenwaldbahn bei Kaltenbrunn.

Rechts oben:
Geheizte Weichen vor dem Münchner Hauptbahnhof; die schwarzen Stellen zeigen deutlich, wo der Schnee geschmolzen ist.

Rechts unten:
Propangas-Weichenheizung auf dem Bahnhof Oberau.

OBERAU
92

10 8 6 4 2 2 4 6 8 10
ZURÜCK. VORAUS

Die Eisenbahn zu Wasser

Große Gewässer setzen der Eisenbahn bisweilen natürliche Grenzen. Dann stellt sich die Frage, ob Reiseverkehr und Güteraustausch groß genug sind, um eine Fortsetzung des Schienenweges mit einer „schwimmenden Brücke" über das Wasser hinweg sinnvoll erscheinen zu lassen. Mit Hilfe von Fährschiffen, die zahlreiche Eisenbahnwagen an Bord nehmen, werden die Züge übergesetzt. Jenseits des Wassers können sie weiterfahren. Die wichtigste derartige Fährlinie betreibt die Deutsche Bundesbahn zusammen mit den Dänischen Staatsbahnen auf der Vogelfluglinie über den Fehmarnbelt zwischen Puttgarden und Rødby. Zahlreiche internationale Expresszüge und mehrere Trans-Europ-Express-Güterzüge werden hier täglich übergesetzt. Die meisten übrigen Fährlinien, die auch für die Deutsche Bundesbahn Bedeutung haben, liegen ebenfalls im skandinavischen Bereich.
Ein Anker im Anschriftenfeld der Reisewagen kennzeichnet sie als trajektfähig für bestimmte Fährlinien. Sind die Wagen auf weiteren Linien zugelassen, sind dafür neben dem Anker jeweils zwei große Buchstaben angeschrieben, die den Anfangsbuchstaben der Hafenstädte bezeichnen: HH = Helsingør, — Hälsingborg, KN = Korsør — Nyborg, KM = Kopenhagen — Malmö und GW = Gedser — Warnemünde.

Zusammen mit den Schweizerischen Bundesbahnen schlägt die Deutsche Bundesbahn eine „schwimmende Brücke" auch über den Bodensee. Zwischen Friedrichshafen und Romanshorn am Schweizer Seeufer werden das ganze Jahr über auf einer bereits hundert Jahre alten Trajektverbindung Güterwagen übergesetzt.
Außer diesen auf unmittelbare Fortsetzung des Schienenweges ausgerichteten Fährlinien fungiert die Bundesbahn als Reeder im Seebäderdienst zwischen der ostfriesischen Nordseeküste und der Insel Wangerooge sowie auf dem Bodensee. Diese in der historischen Entwicklung begründete Betätigung der Eisenbahn zu Wasser bringt allerhand Schwierigkeiten mit sich, da sowohl der Seebäderdienst wie der Bodenseeverkehr nur während der Sommersaison nennenswerte Bedeutung haben. Der umfangreiche Schiffsraum läßt sich deshalb nur während der Hälfte des Jahres wirtschaftlich nutzen. Ähnlich liegen die Probleme für die Beschäftigung der Besatzungen. Zum Teil finden sie außerhalb der Saison in den Landdienststellen Tätigkeit, teilweise arbeiten sie auf den Werften bei der Überholung der Schiffe mit.
Enge Verbindung besteht schließlich auch zwischen Bundesbahn und privaten Schiffsbetrieben. Seit über hundert Jahren gibt es einen „Tarifverband" zwischen Eisenbahn und Reedereien im Verkehr mit den Nordseeinseln. Trotz Auto und Flugzeug benützen noch heute rund vierzig Prozent aller Gäste auf den deutschen Nordseeinseln die kombinierten Bahn-Schiffs-Dienste des Tarifverbandes. Der „Nordseeinsel-Tarif" gilt heute auf sämtlichen Strecken der Bundesbahn und der meisten nichtbundeseigenen Bahnen, auf vierzehn Schiffslinien, sieben Insel- und Küstenbahnen, einigen Omnibuslinien sowie der Weserfähre Bremerhaven—Blexen.
Auch zwischen der Bundesbahn und den Schiffahrtsgesellschaften auf Rhein, Main, Mosel und Donau gibt es Vereinbarungen, die ein Umsteigen zwischen Bahn und Schiff ohne besondere Formalitäten ermöglichen.

Auf der Brücke der „Theodor Heuss".

Das Flügelrad auf Ost- und Nordsee

Den Charakter einer Schiffslinie über hohe See trägt die Fährroute auf der Vogelfluglinie. Zwischen Puttgarden auf der Insel Fehmarn und Rødby auf der dänischen Insel Lolland überbrückt sie den zehn Seemeilen (18,5 Kilometer) breiten Fehmarnbelt in der Ostsee. Die Verbindung wurde erst 1963 eingeweiht und löste damals die Fährlinie zwischen Großenbrode und Gedser ab, die etwa 34 Seemeilen lang war.

Neben Fährschiffen der Dänischen Staatsbahnen fahren regelmäßig die beiden Fähren „Theodor Heuss“ und „Deutschland“ der Deutschen Bundesbahn. Ein weiteres Schiff wird gegenwärtig gebaut und soll 1972 in Dienst gestellt werden.

Für die Aufnahme der Eisenbahnwagen wird nach dem Festmachen der Fähre eine sichere Gleisverbindung zwischen Land und Schiff mit Hilfe einer beweglichen Brücke hergestellt. Über diese Brücke können die auf den Fährschiffen nebeneinander liegenden Gleise gleichermaßen erreicht werden. Neben dem Übersetzverkehr von Eisenbahnfahrzeugen spielt auf der Vogelfluglinie der Autoverkehr mit Personen- und Lastkraftwagen die Hauptrolle.

Im Nordsee-Verkehr zwischen Harlesiel und Wangerooge beeinflußt der Wechsel von Ebbe und Flut den Fahrplan entscheidend. Die beiden größeren Schiffe „Oldenburg“ und „Wangerooge“ können erst auslaufen, wenn sich die Fahrrinne durch das Wattenmeer ausreichend mit Wasser gefüllt hat. Nur die kleine „Münster“ kann auch bei Niedrigwasser fahren. So ändert sich der Schiffsfahrplan zwischen Harlesiel und Wangerooge beinahe täglich; im Kursbuch ist er für jeden Tag des Jahres besonders angegeben. Auch die Anschlußzüge ins Binnenland haben deshalb als einzige der Bundesbahn keine für eine ganze Fahrplanperiode gleichbleibenden Fahrzeiten.

Die „Theodor Heuss“ läuft aus dem Hafen von Puttgarden aus.

Rechts unten:
Am Westanleger der Insel Wangerooge: Seebäderschiffe und Inselbahn.

Fährhafen Puttgarden mit den Fährschiffen „Theodor Heuss“ und „Deutschland“.

THEODOR HEUSS

OLDENBURG
WANGEROOGE

Allgäu

Weiße Flotte auf dem Bodensee

Zahlenmäßig am stärksten ist die Bundesbahn auf dem Bodensee vertreten. Hier umfaßt ihre „weiße Flotte“ 19 größere Motorschiffe, sieben Motorboote und das Fährschiff „Schussen“, das auf der Fährlinie Friedrichshafen – Romanshorn eingesetzt ist. Auch die Österreichischen und die Schweizerischen Bundesbahnen sind am Bodensee-Schiffsverkehr beteiligt.

Entlang dem deutschen Ufer führt die längste Strecke von Konstanz über Meersburg und Friedrichshafen nach Lindau. Die meisten Schiffskurse führen noch bis ins österreichische Bregenz weiter. Außerdem bestehen Verbindungen zwischen Lindau und Rorschach sowie von Konstanz aus auf den Überlinger See und bis Radolfzell am Untersee. Zwischen Friedrichshafen und Romanshorn hat neben dem Trajektieren von Eisenbahn-Güterwagen auch der Kraftfahrzeugverkehr Bedeutung.

Während des Winters hält die Bundesbahn nur zwischen Konstanz und Meersburg den Schiffsbetrieb aufrecht. Die übrigen Schiffe liegen dann in den Häfen von Lindau, Friedrichshafen und Konstanz. Alle Wartungs- und Reparaturarbeiten können dort in bundesbahneigenen Werften ausgeführt werden.

Die technische Ausrüstung der Bodenseeflotte entspricht ebenfalls modernstem Stand. Die meisten Schiffe haben Radaranlagen als Navigationshilfe. Die Maschinenräume sind nicht mehr besetzt, die Schiffsantriebe werden von der Brücke aus ferngesteuert. Dadurch konnte die Zahl der Besatzungsmitglieder auf den Bodenseeschiffen während der letzten Jahre mehrfach gesenkt und der Betrieb spürbar rationalisiert werden. Eine Fahrt auf dem „Schwäbischen Meer“ gehört auch heute zu den eindrucksvollsten Reiseerlebnissen in Deutschland.

Ausfahrt aus Friedrichshafen.

Seite 192/193:
Die Hafeneinfahrt von Lindau im Bodensee mit dem markanten Leuchtturm und dem steinernen Löwen.

Vor Meersburg am Bodensee.

Die Eisenbahnen der Welt [0]

Gesamte Streckenlänge		1 280 000 km
davon elektrisch betrieben		127 000 km

Auf die einzelnen Erdteile entfallen:

	Streckenlänge	elektrisch betrieben
Europa	282 000	66 000
Amerika [1]	552 000	7 000
Asien [2]	322 000	47 000
Australien	47 000	1 000
Afrika	77 000	6 000

0) Quelle: Jahrbuch des Eisenbahnwesens 1970
1) Nord- und Südamerika
2) einschließlich europäisches Rußland

Die elektrischen Bahnen Europas [0]

Land	Verwaltung	Netzlänge	davon elektrisch	Stromsystem 15 kV $16^2/_3$ Hz	25 kV 50 Hz	1,5 kV =	3 kV =	Drehstrom
Albanien	SJD	201	—					
Belgien	SNCB	4 659	1 125				1 125	
Bulgarien	BDŽ	4 196	712		712			
Dänemark	DSB	2 352	84			84		
Deutschland	DB	29 574	8 165	8 085		80 [1]		
Deutschland	DR	14 909	1 285	909	49 [2]	327 [3]		
Finnland	VR	5 724	38		38			
Frankreich	SNCF	37 914	9 029	46 [4]	3 964	5 019 [5]		
Griechenland [6]	CEH	2 602	—					
Großbritannien	BR	19 469	3 172		1 266 [7]	1 906 [8]		
Irland	CIE	2 145	—					
Italien	FS	16 335	7 961	57			7 451	453 [9]
Jugoslawien	JŽ	10 456	919		311	608		
Liechtenstein	ÖBB	9	9	9				
Luxemburg	CFL	281	136		117		19	
Monaco	SNCF	2	2		2			
Niederlande	NS	3 148	1 645	3		1 634	8	
Norwegen	NSB	4 242	2 269	2 269				
Österreich	ÖBB	5 905	2 323	2 232	91 [10]			
Polen	PKP	23 196 [11]	3 477			71 [12]	3 406	
Portugal	CP	3 566	417		417			
Rumänien	CFR	11 006	397		339	58		
Schweden	SJ	11 980	7 068	6 893		175		
Schweiz	SBB	2 926	2 911	2 892		19		
Spanien	RENFE	13 562	3 120			613	2 400	47 [13]
Tschechoslowakei	ČSD	13 315	2 511		845		1 666	
Türkei	TCDD	7 985	72		72 [14]			
Ungarn	MÁV	8 490	681		681 [15]			

0) Ohne Privatbahnen. Quelle: UIC-Statistik, Stand Anfang 1970
1) S-Bahn Hamburg, 1 200 V =
2) Versuchsstrecke Hennigsdorf – Wustermark und Rübelandbahn Blankenburg – Königshütte
3) S-Bahn Berlin, 800 V = (319 km) über Stromschiene; 800 V = (5 km) und 500 V = (3 km) über Fahrleitung
4) 12 kV
5) 850 V = (63 km); 650 bis 750 V = (96 km); 600 V = (34 km)
6) In Griechenland elektrischer Betrieb nur Privatbahn Athen – Piräus/Kephissia (30 km) 1 500 V =
7) Teilweise nur 6,25 kV
8) 750 V = (1 762 km) und 1 200 V = (16 km) über Stromschiene; 750 V = (2 km) und 1 500 V = (126 km) über Fahrleitung
9) 3,6 kV 3~ $16^2/_3$ Hz (westlich Genua)
10) 6,6 kV, 25 Hz (Mariazeller Bahn)
11) Nur Normalspur
12) 800 V = (30 km); 600 V = (41 km) über Fahrleitung
13) 6,6 kV 3~ 25 Hz
14) Vorortverkehr Istanbul, teilweise auf asiatischer Seite
15) Teilweise 16 kV (209 km)

Die Deutsche Bundesbahn in Zahlen von 1950 bis 1970

	1950	1960	1970
Betriebslänge [1]) (km)	30 458	30 692	29 479
Normalspur (km)	30 227	30 531	29 427
Schmalspur (km)	231	161	52
Elektrischer Betrieb (km)	1 732	3 730	8 590
Bahnhöfe [1])	5 024	4 943	4 425
Haltepunkte und Haltestellen [1])	2 446	2 801	2 663
Stellwerke [1])	10 884	10 132	7 737
Gleisbildstellwerke	6	399	987
Zahl der Züge an einem Tag			
Reisezüge		20 387	20 088
Güterzüge		13 333	13 453
Einsatzbestand der Triebfahrzeuge [1])			
Dampflok	12 039	7 226	1 636
Ellok	446	1 010	2 260
Diesellok	147	979	2 550
Kleinlok	675	1 240	1 606
Elektrische Triebwagen	207	204	415
Akkutriebwagen	71	154	237
Dieseltriebwagen	215	133	143
Schienenomnibusse	—	865	829
Brennstoff- und Energieverbrauch			
Lokomotivkohle (Millionen Tonnen)	8,966	6,790	1,379
Schweres Heizöl (Millionen Tonnen)	—	0,160	0,133
Dieseltreibstoff (Millionen Tonnen)	—	0,157	0,460
Bahnstrom (Millionen Kilowattstunden) [3])	503	1 773	5 335
Wagenpark [1])			
Reisewagen	20 175	20 956	18 131
Steuer- und Beiwagen für Triebwagen	413	1 681	1 754
Güterwagen im DB-Eigentum	262 372	267 281	278 395
Privatgüterwagen	32 773	42 409	42 651
Personalbestand	504 411 [2])	492 264 [1])	410 388 [1])
Beamte	187 786	240 571	217 418
Angestellte	106 169	2 130	9 326
Arbeiter	199 084	237 214	172 386
davon Gastarbeiter	—	4 279	20 319
Nachwuchskräfte	11 372	12 349	11 258
Beförderungsleistungen			
Reisende (Milliarden)	1,007	1,543	1,523
Expreßgut (Millionen Tonnen)	0,739	0,9	0,9
Stückgut (Millionen Tonnen)	6,346	6,0	5,7
Wagenladungen (Millionen Tonnen)	189,005	296,4	375,9
Bahnübergänge [1])	40 161	36 426	30 045
mit Schranken	18 005	13 845	9 772
mit Blinklichtanlagen	186	1 832	3 867
Anteil der Verkehrsträger im Güterfernverkehr			
Schiene	68,0	45,9	40,8
Binnenschiffahrt	20,4	32,6	27,3
Straße	11,6	19,1	23,4
Rohrleitungen	0,0	2,4	8,5

[1]) Stand am Jahresende
[2]) Im Jahresdurchschnitt
[3]) Ab Unterwerk einschließlich Nebenverbraucher

Aufschriften auf Reisewagen

(Abbildung auf Seite 128)

160 Höchstgeschwindigkeit, mit der der Wagen verkehren kann.

RIC Regolamento Internazionale Carrozze (Übereinkommen über die gegenseitige Benutzung der Personen- und Gepäckwagen im internationalen Verkehr).
Wagen entspricht den RIC-Bestimmungen; Wagen, die den besonderen Bedingungen der Eisenbahnverwaltungen bestimmter Länder entsprechen, erhalten zusätzlich ein Kurzzeichen zur Kennzeichnung dieser Länder, in denen der Wagen verkehren darf:

BG	Bulgarien	NS	Niederlande
GR	Griechenland	N	Norwegen
L	Luxemburg	A	Österreich
R	Rumänien	PL	Polen
CS	Tschechoslowakei	CH	Schweiz
D	Deutschland (DB und DR)	S	Schweden
DK	Dänemark	B	Belgien
IT	Italien	F	Frankreich
J	Jugoslawien	TC	Türkei
H	Ungarn		

Wagen entspricht den Bedingungen für den Übergang auf Fähren und kann auf folgenden Fährstrecken übergesetzt werden:

Rødby Færge — Puttgarden (Vogelfluglinie)
Saßnitz — Trelleborg
Règgio di Calàbria — Messina
Villa S. Giovanni — Messina

HH KN / KM GW Wagen, die darüber hinaus den Bedingungen weiterer Fährlinien entsprechen, erhalten zusätzlich eine Kurzbezeichnung dieser Fährlinien:

HH	Helsingør — Hälsingborg
KN	Korsør — Nyborg
GW	Gedser — Warnemünde
KM	Kopenhagen — Malmö

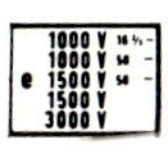

Stromartbezeichnung, für welche die elektrische Wagenheizung eingerichtet ist.

*

Wagennummer 51 80 22 — 40 550 — 1

51	„Regime", in dessen Rahmen der Wagen international einsetzbar ist. 51 = RIC.
80	Eigentumsmerkmal. 80 = Deutsche Bundesbahn.
22 — 40	Wagenbauart.
550	Ordnungsnummer (laufende Nummer).
— 1	Kontrollziffer zur Fehlererkennung bei der elektronischen Datenverarbeitung.
B	2. Klasse.
ü	Schnellzugwagen mit geschlossenem Seitengang.
m	mehr als 24 m Länge, Gummiwulstübergänge und elektrische Heizung.

Die höchstgelegenen Bahnhöfe der Deutschen Bundesbahn

Bahnhof	Höhe über NN m	Strecke
Feldberg-Bärental	967	Titisee — Seebrugg
Altglashütten-Falkau	957	Titisee — Seebrugg
Aha	940	Titisee — Seebrugg
Klais	933	Garmisch-Partenkirchen — Mittenwald (Mittenwaldbahn)
Schluchsee	932	Titisee — Seebrugg
Mittenwald	914	Garmisch-Partenkirchen — Mittenwald (— Innsbruck)
Bad Kohlgrub	904	Murnau — Oberammergau
	*	
München Hbf	521	
Bad Reichenhall	466	Freilassing — Berchtesgaden
Berchtesgaden	541	Freilassing — Berchtesgaden
Garmisch-Partenkirchen	708	
Oberstdorf	789	Immenstadt — Oberstdorf
Lindau (Bodensee)	399	
Konstanz	398	
Sommerau	832	Offenburg — Konstanz (Schwarzwaldbahn)
Hinterzarten	885	Freiburg — Donaueschingen (Höllentalbahn)
Offenburg	159	
Frankfurt (M) Hbf	98	
Bad Homburg v. d. H.	168	Frankfurt (M) — Friedrichsdorf
Bad Harzburg	236	
Clausthal-Zellerfeld	535	Goslar — Altenau (Oberharz)
Hamburg Hbf	7	
Cuxhaven	3	
Westerland (Sylt)	3	Hamburg — Westerland (Sylt)
Norddeich Mole	4	Hamm — Münster — Emden — Norddeich

Bemerkenswerte Eisenbahnbrücken im Bereich der Deutschen Bundesbahn

Bezeichnung der Brücke	Überquertes Gewässer	Strecke	Länge [1]) m	Höhe [2]) m
Fehmarnsundbrücke	Ostsee (Fehmarnsund)	Lübeck — Puttgarden (Vogelfluglinie)	963	23
Talbrücke bei Müngsten	Wupper	Solingen — Remscheid	494	109
Rendsburger Hochbrücke	Nord-Ostsee-Kanal	Neumünster — Rendsburg	2 454	42
Rheinbrücke Mainz Süd	Rhein	Mainz — Frankfurt (M)	860	14
Elbbrücke Lauenburg	Elbe	Lübeck — Lüneburg	526	7
Süderelbbrücke	Elbe	Hamburg Hbf — Hamburg-Harburg	480	5
Hohenzollernbrücke	Rhein	Köln Hbf — Köln-Deutz	410	16
Enzviadukt Bietigheim	Enz	Stuttgart — Mühlacker	287	10
Innbrücke Königswarth	Inn	Mühldorf — Rosenheim	252	40
Ravennaviadukt	Ravenna	Freiburg — Neustadt (Höllentalbahn)	152	36
Doppelstockbrücken	(oben Straße, darunter Eisenbahn)			
Listertalbrücke	Biggetalsperre	Finnentrop — Olpe	314	$\frac{11}{3}$
Dumicketalbrücke	Biggetalsperre	Finnentrop — Olpe	248	$\frac{11}{3}$
Bewegliche Brücken				
Klappbrücke Oldenburg	Hunte	Oldenburg — Bremen/Osnabrück	81	4
Drehbrücke Elsfleth	Hunte	Hude — Brake	124	3

[1]) Gesamtlänge des Brückenzuges
[2]) Höhe des Gleises über dem Wasserspiegel

Die längsten Tunnel der Deutschen Bundesbahn

Name	Länge Meter	Höhe über NN m	Strecke
Kaiser Wilhelm [0])	4 203	99,00	Koblenz — Perl
S-Bahn	4 178	520,00	München Hbf — München Ost
Schlüchterner	3 575	300,00	Frankfurt — Bebra
Fahrnauer	3 169	388,00	Schopfheim — Säckingen
Krähberg	3 100	329,00	Eberbach — Hanau
Rudersdorfer	2 651	363,00	Hagen — Haiger
Königstuhl	2 487	111,50	Heidelberg — Eberbach
Goldberg	2 200	119,00	Hagen — Brügge
Silvinger	1 715	310,00	Merzig — Silvingen
Großer Stockhalde	1 700	550,00	Oberlauchringen — Hintschingen
Sommerau	1 698	816,00	Offenburg — Singen
Rehberg	1 631	277,00	Hannover — Soest
Hochdorfer	1 553	504,00	Pforzheim — Hochdorf
Bischofferoder	1 502	318,00	Eschwege — Treysa
Elleringhauser	1 393	439,00	Bestwig — Kassel
Heiligenberg	1 349	273,00	Kaiserslautern — Neustadt/W.
Heinsberger	1 302	502,00	Altenhundem — Birkelbach
Hasselborner	1 300	325,50	Grävenwiesbach — Albshausen
Wilsecker	1 266	265,50	Köln — Ehrang
Frau Nauses	1 205	206,50	Eberbach — Hanau
Weiler	1 204	513,00	Oberlauchringen — Hintschingen
Mettlacher	1 196	170,00	Saarbrücken — Karthaus
Milseburg	1 172	522,00	Götzenhof — Hilders
Rabenscheider	1 114	424,00	Haiger — Breitscheid
Sterbfritz	1 093	353,00	Flieden — Gemünden
Hoffnungsthaler	1 087	129,00	Köln-Kalk — Overath
Bausenberg	1 073	309,00	Finnentrop — Olpe
Frieda	1 066	199,00	Eschwege — Leinefelde
Marientaler	1 050	245,00	Altenkirchen — Au
Erbscheid	1 034	311,00	Finnentrop — Olpe

[0]) (Cochemer Tunnel)

Stichwortverzeichnis

Ablaufautomatik 162
Ablaufberg 161, 162, 166, 171
Ablaufspeicher 162, 164
Achsdruck 51
Achsen 62
Achsgenerator 129
Achszähler 66, 78
Adler 9, 10
Andreaskreuz 90
Anfahrleistung 17
Anrufschranke 90
Anschnittsteuerung 31
Anstrich von Fahrzeugen 49
Ausfahrgruppe 161
Ausleuchtung 70
Aussichtswagen 122, 125
Automation 161, 175
Automatische Kupplung 171, 172
Autoreisezug 106, 112, 126, 128

Bahnbau 95
Bahnbusverkehr 114
Bahnhof 61, 62, 66, 70, 74, 77, 78, 81, 172, 178 198, 200
Bahnhofsgebäude 95
Bahnstrom 17, 22, 198
Bahnübergänge 79, 90, 95, 198
Bar 122
Batterie 178
Beidrückeinrichtung 166, 172
Beleuchtung 129
Berggleis 161
Bergmeister 161, 162, 166, 171
Berufsverkehr 114
Betonschwellen 53
Betriebswagenwerk 176
Biggetalsperre 95, 201
Bildfahrplan 180, 181
Bildflug 99
Binnencontainer 150
Binnenschiffahrt 135, 176, 198
Blinklichtanlagen 79
Block 77
Blocksignal 78
Blockstelle 77, 79
Bodensee 189, 194
Bremsen 82, 84, 129, 130, 131, 166, 171, 172, 178
Bremsklötze 129, 130
Bremsprüfung 172
Bremszylinder 130, 131
Brennstoff 17
Brücken 95, 97, 99, 103, 106, 109, 125, 201
Bundesbahn-Flotte 178, 189
Bundesverkehrswegeplan 97

Cochemer Tunnel 106, 202
Computer 22, 66, 81, 86, 171, 176
Container 150, 155, 156
Conzen-Ott-Gerät 181, 182
Culemayer 155, 157

Dampfkraftwerk 18, 19
Dampflok 9, 10, 11, 13, 14, 15, 17, 33, 44, 198
Deutsches Museum 9, 10, 11, 15
„Deutschland“ 190
Dienstfrau 176
Diesellok 14, 15, 17, 38, 39, 42, 44, 161, 175, 178, 198
Doppelfadenlampe 74
Drehgestell 26
Drehstrom 18, 20
Dr-Stellwerk 70
Drucktasten 70
Durchgangsbahnhof 95

Einfahrgruppe 161
Einphasenwechselstrom 20, 30, 49
Einzelachsantrieb 26, 33
Elektrifizierung 18, 20, 95, 97
Elektrische Bahnen Europas 197
Elektrische Bremse 129
Elektrische Kraftübertragung 38
Elektrische Lokomotiven 9, 10, 14, 15, 17, 26, 27, 28, 29, 30, 31, 33, 34, 37, 178, 198
Elektronische Gleisbremsensteuerung 171
Elektronisches Stellwerk 162, 164
Eselsrücken 161, 162
Europa-Lokomotive 14, 30
Expreßgut 145, 198

Fährbahnhof Puttgarden 79, 95, 106, 189, 190
Fährlinien 199
Fährschiff 189, 190
Fahrleitung 17, 18, 20, 21, 22, 26, 46, 49
Fahrleitungsmeisterei 18
Fahrmotor 26, 38, 44, 46, 48, 49
Fahrplan 180, 181
Fahrstraße 66, 70, 81
Fahrstraßenauflösung 66
Fahrtenschreiber 178
Fahrweg 53, 135
Fahrwegprüfung 66
Fahrzeugmagnet 82
Fehmarn 79, 95, 97, 189, 190
Fehmarnbelt 190
Fehmarnsundbrücke 106, 201
Feldvergleich 99
Fernleitung 17, 21, 26
Fernschreiber 81
Fernsehanlagen 90, 91
Fernsteuerstellwerk 79, 80, 81
Fliegender Hamburger 15
Föttinger-Getriebe 38
Formsignal 74
Friedrichshafen 189, 194
Führerbremsventil 131
Funkfernsteuerung 166, 171, 172
Funkgesteuerte Bremsprüfung 172
Funktelefon 172, 179

Gabelstapler 144, 157, 158
Ganzzüge 138, 139
Gasturbine 44, 48, 51
Generator 18, 20
Gleichstrom 20, 30, 31, 49
Gleis 53, 61, 95, 99, 135
Gleisabschnitt 61
Gleisanschluß 143, 145
Gleisbau 58, 97
Gleisbildstelltisch 70, 79
Gleisbildstellwerk 65, 66, 74, 78, 79, 81, 198
Gleisbremse 161, 166, 171, 172
Gleisfreimeldung 65, 66, 79
Gleisharve 161
Gleismagnet 82
Gleisrelais 66
Gleissperre 65, 74
Gleisstromkreis 66, 78

Großbehälter 156
Großrad 26
Großraumwagen 122
Großrechenanlage 176
Grüne Welle 78, 126
Gruppentaste 70

Halbschranken 79, 90
Harlesiel 190
Hauptluftleitung 130, 131
Hauptschalter 26
Hauptsignal 74, 77, 82, 84
Haus-Haus-Verkehr 143
Hebel 62, 65, 77, 162
Heißläufer 172
Heißläufer-Ortungsgerät 172
Heizung 44, 129, 178, 199
Hemmschuhleger 161, 166, 172
Hilfsluftbehälter 130
Hindenburgdamm 106
Hochleistungsschnellbahn 97, 138
Hochspannung 17, 22, 26
Höllentalbahn 15, 200, 201
Hohenzollernbrücke 103, 201
Hohlwelle 26
Holzschwellen 58
Huckepackverkehr 155
Hydraulische Kraftübertragung 14, 15, 38
Hydrodynamische Bremse 44, 129

Indusi 82, 178
Infrarot-Detektor 172
Intercity 48, 51, 111, 122
Istgeschwindigkeit 86

Jahresfahrplan 180

Kaiser-Wilhelm-Tunnel 202
Kesselwagen 140, 148, 166
Klimaanlage 48, 122
Klima-Schneepflug 183, 186
Kohle 17, 139, 198
Kofferkuli 133
Kombinierter Verkehr 150, 156
Kopfbahnhof 95
Kopframpe 145
Kraftübertragung 14, 15, 26, 38
Kraftwerk 17, 18, 19, 20, 22, 26
Kriegsschäden 95
Kühlwagen 140, 148, 149
Kursbuch 181
Kurven 49, 51
Kybernetische Insel 81, 171

Ladestraße 144, 145
Längenausdehnung 53
Leistungselektronik 31, 49
Lichtsignal 65, 69, 74
Liegewagen 128
Linienleiter 84, 86
Linienzugbeeinflussung 84
Lochstreifen 162, 164
Lohnkosten 175
Lokdenkmäler 8, 9, 12, 15
Lokführer 82, 84, 86, 162, 171, 178
Lokleitung 178, 179
Ludwigsbahn 9
Luftbildvermessung 99

Magnetschienenbremse 129
Marktforschung 176
Mehrstromlok 15, 49
Mehrsystemlok 15, 49
Meßzug 53
Mineralölindustrie 143
Mittenwaldbahn 106, 186, 200
Müngstener Viadukt 106, 201
„Münster" 190

Nachtsprung 150
Nahverkehrswagen 133
Namen von Zügen 111, 112
Netzleitstelle 22, 23
Neubaustrecken 95, 97
Norderelbbrücke 106
Nord-Ostsee-Kanal 106
Nordseeinsel-Tarifverband 189
Notbremse 129, 131
Notstromversorgung 74

Oberbau 53, 58
„Oldenburg" 190
Opelwerk Rüsselsheim 143

pa-Behälter 156, 157
Paletten 150, 157, 158
Paßpunkt 99
Personal 175, 198
Personenkilometer 114
Pipeline 143, 198
Planwerk 99
porteur aménagé 156
Privatwagen 148, 198
Prozeßrechner 81

Rad 62
Radar 194
Radsatz 26
Rangierbahnhof 81, 138, 161, 162, 164, 171, 172
Rangierbetrieb 70
Rangierfunk 162, 166
Rangierlok 44
Rangierzettel 161, 162, 164
Rampe 145, 158, 183
Rationalisierung 148
Raumabstand 61
Reinigung 176, 178
Reisegepäck 145
Reisegeschwindigkeit 49, 50
Reiseverkehr 103, 114
Reisewagen 129, 198
Relais 65, 66
Relaisgruppe 74
„Rheingold" 108, 111
Rheingoldwagen 46
Rheinstrecke 103
RIC 129, 199
Richtungsgruppe 161, 162, 171

Sattelauflieger 155
S-Bahn 15, 46, 49, 77, 97, 197
Schaltwerk 31, 49
Schienen 53
Schienenprüfung 53
Schiffahrt 189, 190
Schlacke 17
Schmalspurbahn 44
Schlafwagen 128
Schneepflug 183
Schneeschleuder 183
Schnee und Eis 175, 183
Schnellbremsung 131
Schnelltriebwagen 15, 46, 48
Schnellumbauzug 58
Schnellverkehr 26, 27, 84, 97
Schotterbett 53, 58

Schranken 90, 92
Schraubenkupplung 166
Schülerverkehr 114
„Schussen“ 194
Schutzmaßnahmen 17
Schwarzwaldbahn 103, 106, 200
Seitenrampe 145
Selbstblock 78, 79
Selbststellbetrieb 70, 79
Sicherheit 61, 66, 70, 81, 84, 90
Siemens, Werner 9, 10
Sifa 84, 178
Signal 61, 62, 65, 66, 70, 74, 79, 95
Signalbild 74
Signalflügel 74
Signalrelais 65
Signalscheibe 74
Signalschirm 74
Signaltechnik 9, 61
Sollgeschwindigkeit 86
Sonderangebote 176
Sozialbetreuung 175
Speisewagen 122, 128
Spezialgüterwagen 144, 148
Spurführung 61, 135
Spurkranz 62
Spurplan 70
Spurplanstellwerk 74
Stahlschwellen 58
Stangenantrieb 33
Starttaste 70
Stechkarren 158
Steilrampen 106
Stellbereich 62
Stellwerk 62, 65, 66, 74, 84, 95, 161, 162, 164, 175, 198
Steuerventil 130, 131
Stillegung von Strecken 95
Stoßlücken 53
Stoßverzehreinrichtung 150
Streckenabschnitt 61
Streckenblock 77, 78, 95
Streckenstelltafel 79, 80
Stromschiene 49
Stromsysteme 30, 31
Stromversorgung 74
Stückgut 145, 158, 198

Talbremse 171, 172
Tankstelle 38, 178, 179
Tatzlagermotor 15
TEE 17, 46, 48, 51, 108, 111, 122, 176
Telefon im Zug 86, 172, 179
Terminal 150
„Theodor Heuss“ 189, 190
Thyristor 31
Tidefahrplan 190
Tiefladewagen 148
Tischfeld 70
Toiletten 129, 176
Totmannknopf 84
Trans-Europ-Expreß 17, 46, 48, 51, 108, 111, 122, 176
Transformator 20, 22, 26
Triebkopf 48
Triebwagen 46, 48, 49, 51, 198
Tunnel 95, 97, 103, 106, 202

Ultraschallprüfzug 53
Umformerwerk 17, 18, 22
Umladestelle 158
Unfallrisiko 61
Unterführung 90, 91
Unterwerk 17, 20, 22, 26

Verbundnetz 20
Verkehrsausgaben 95
Verkehrsmuseum Berlin 12, 15
Verkehrsmuseum Dresden 15
Verkehrsmuseum Nürnberg 9, 10, 12, 13
Vermessung 99
Vogelfluglinie 79, 95, 97, 189, 190, 201
Volkswagenwerk 143
Vorsignal 74, 82, 84

Wachsamkeitstaste 82
Wärmetauscher 129
Wagenaufschriften 129, 131, 199
Wagenkastensteuerung 49, 51
Wagenladung 143, 145, 198
Waggonbau 9
Wangerooge 189, 190
„Wangerooge“ 190
Warnkreuz 90
Waschwasser 129
Wasser 17
Wasserkraft 18, 19
Wasserstraßen 135
Wasserstraßenbau 135
Wechselkästen 155
Wegekosten 135
Weichen 58, 61, 62, 65, 66, 70, 79, 81, 95, 99, 161, 162
Weichenheizung 79, 183, 186
Weichenstraße 61
Werft 189, 194
Werkbahnhof 143
Wettbewerbsverzerrungen 135
Wiederaufbau 95
Winter 183
Wirkungsgrad 17, 38

Zahlen der Bundesbahn 198
Zehnertastatur 79
Zeitabstand 61
Zentralblock 78
Zentralstellwerk 66, 69, 70, 74
Zentrifugalkraft 51
Zettelkasten 161, 162
Zielentfernung 86
Zielgeschwindigkeit 86
Zieltaste 70
Zuckerrübenverkehr 145
Zugbahnfunk 172, 179
Zugfahrt 66
Zugheizung 44, 129, 178
Zugkraft 17
Zugnummer 79, 111
Zugnummernmeldung 79
Zugsekretariat 48, 122, 125
Zugtelefon 48, 122
Zugtrennung 131
Zusammenstöße 61
Zwangsbremsung 82, 84

Inhalt

Vorwort 5

Bewahrte Vergangenheit 9

Ohne Dampf in die Zukunft 17

Strom aus weißer und schwarzer Kohle 17
Warum 16²/₃ Hertz? 20
Energiestraßen für den Stromtransport 20
Rechenstift und Computer dirigieren Kilowattstunden 22
Mit 14 000 PS auf Tempo 200 26
Keine Grenzen für die Technik 30
Elektrische Oldtimer noch gefragt 33
Für jeden Zweck eine Diesellok 38
Renaissance des Triebwagens? 46
Keine S-Bahn ohne Triebwagen 49
Schräg in die Kurve 49

Die eiserne Bahn 53

Sichere Straßen 61

Muskelkraft nicht mehr gefragt 62
Aufgabe: blockieren 77
Hundert Kilometer ferngesteuert 79
Auf der Kybernetischen Insel 81
„Indusi wachsam!" 82
„Sifa" mit Uhr oder Metermaß 84
Schnellste Züge – höchste Sicherheit 84
Am besten ist's, wenn's drunter und drüber geht 90

Bahnbau – auch heute und morgen 95

Erst vermessen, dann bauen 99

Auf Reisen 103

Deutschlands schönste Strecken 103
Mit dem Zug über das Meer 106
Züge mit klingenden Namen 111
Menschen unterwegs 116

Im Trans-Europ-Express 122
Das Auto als Reisegepäck 126
Die Geheimnisse eines Reisewagens 129

Güter auf der Schiene 135

Ganzzüge, Stars im Güterverkehr 138
Industriewerke mit eigenem Bahnhof 143
Von Haus zu Haus auf der Schiene 143
Für jedermann: die Ladestraße 145
„Spezialisten" im Wagenpark 148
„Nachtsprung" mit „großen Kisten" 150
„Huckepack" für Lkw und Güterwagen 155
Große Behälter – kleine Behälter 156
Stechkarren – ausgestochen 158
„Eselsrücken" auch in Zukunft unentbehrlich 161
Spuk im Geisterbahnhof 171

Hinter den Kulissen 175

200 Millionen für Sauberkeit 176
Vor großer Fahrt 178
Fahrplanwechsel 180
Alle reden vom Wetter 183

Die Eisenbahn zu Wasser 189

Das Flügelrad auf Ost- und Nordsee 190
Weiße Flotte auf dem Bodensee 194

Tabellen 197

Die Eisenbahnen der Welt 197
Die elektrischen Bahnen Europas 197
Die Deutsche Bundesbahn in Zahlen von 1950 bis 1970 198
Aufschriften auf Reisewagen 199
Die höchstgelegenen Bahnhöfe der Deutschen Bundesbahn 200
Bemerkenswerte Eisenbahnbrücken im Bereich der Deutschen Bundesbahn 201
Die längsten Tunnel der Deutschen Bundesbahn 202

Stichwortverzeichnis 203